고득점 합격의 지름길

수학

자료 출처 : 한국교육과정평가원(http://www.kice.re.kr)
서울특별시 교육청(http://www.sen.go.kr)

머리말

시작이 반이다.

무엇이든지 시작한다는 것은 매우 중요합니다.

그동안 여러 사정으로 배움의 길에서 멀어졌던 수험생 여러분에게 다시 공부한다는 것은 매우 힘들고 두려울 수도 있습니다. 그러나 앞으로의 자기 발전을 위해서는 지금 시작해야 한다는 결심이 중요합니다.

수학은 실생활에서 자주 접하며 복잡하지는 않지만 아무런 기초 없이 문제에 마주하게 된다면 어렵게 느껴질 수 있습니다. 한편, 반복학습을 통해 문제가 말하는 것이 무엇인가를 이해할 수 있게 된다면 그러한 특성 때문에 다른 과목보다 오히려 쉽게 접근할 수 있을 것입니다. 이 책의 특징은 다음과 같습니다.

> 첫째, 새롭게 개정된 교육과정을 반영하고, 교과 내용을 빈틈없이 분석하여 구성한 최신간입니다.
>
> 둘째, 단원마다 중요 개념과 원리를 보다 쉽고 정확하게 이해할 수 있도록 교과 내용을 체계적이고 논리적으로 정리하였습니다.
>
> 셋째, 학습 내용을 바로 확인할 수 있도록 문제를 구성하고 어려운 내용을 보다 쉽게 이해할 수 있도록 해설하였습니다.
>
> 넷째, 기출문제를 분석하여 자주 출제되는 유형을 체크하고 문제마다 꼼꼼한 해설을 붙였습니다. 그리고 문제 해결력과 응용력을 길러 주는 단원 마무리 문제를 구성, 문제의 유형을 파악할 수 있도록 하였습니다.

새롭게 시작하는 수험생 여러분에게 이 책이 조금이라도 도움이 되어 합격의 영광이 있기를 바랍니다.

편저자 일동

시험안내

1. 고시일정

회 차	공고일	접수일	시험일	합격자 발표
제1회	1월 말 ~ 2월 초	2월 초 ~ 중순	4월 초 ~ 중순	5월 중순 ~ 말
제2회	5월 말 ~ 6월 초	6월 초 ~ 중순	7월 말 ~ 8월 초	8월 말

2. 고시과목(6과목)

① 필수 4과목 : 국어, 사회, 수학, 과학

② 선택 2과목 : 도덕, 체육, 음악, 미술, 실과, 영어

3. 응시자격

① 검정고시가 시행되는 해의 전(前)년도를 기준으로 만 11세 이상인 사람으로서 초등학교 교육과정을 이수하지 아니한 사람

② 초등학교(특수학교 포함) 재학생 중 만 11세 이상인 사람으로서 학적이 정원 외로 관리되는 사람

③ 보호소년 등의 처우에 관한 법률 시행령 제69조 제1호에 해당하는 사람

4. 응시자격 제한

① 초등학교를 졸업한 사람

② 초등학교(특수학교 포함) 재학 중인 사람

③ 공고일 이후 초등학교(특수학교 포함)에 재학 중 학적이 정원 외로 관리되는 사람

④ 공고일 기준으로 고시에 관하여 부정행위를 한 사람으로서 처분일부터 응시자격 제한기간이 경과되지 아니한 사람

5. 제출서류(현장접수)

① 응시원서(소정서식) 1부

② 동일한 사진 2매(탈모 상반신, 3.5cm×4.5cm, 3개월 이내 촬영)

③ 본인의 해당 최종학력증명서 1부

- 졸업(졸업예정)증명서(소정서식)

- 초등학교 및 중학교 의무교육 대상자 중 정원 외 관리대상자는 정원 외 관리증명서

- 초등학교 및 중학교 의무교육 대상자 중 면제자는 면제증명서(소정서식)

- 평생교육법 제40조, 초·중등교육법 시행령 제96조제1항제2호 및 제97조제1항제3호에 따른 학력인정 대상자는 학력인정(증명)서

- 합격과목의 시험 면제를 원하는 사람은 과목합격증명서 또는 성적증명서

④ 신분증 : 주민등록증, 외국인등록증, 운전면허증, 대한민국 여권, 청소년증 중 하나

⑤ 추가 제출 서류

- 장애인 편의제공 대상자는 복지카드 또는 장애인등록증 사본(원본 지참), 장애인 편의제공 신청서, 상이등급 표시된 국가유공자증(국가유공자확인원)

- 과목면제 해당자 중 평생학습계좌제가 평가 인정한 학습과정 중 시험과목에 관련된 과정을 90시간 이상 이수한 사람은 평생학습이력증명서

6. 출제형태

① 출제유형 : 객관식 4지 선다형

② 문항수 및 배점 : 각 과목별 20문항, 1문항당 5점

③ 출제범위 : 2015 개정 교육과정

④ 합격점수 : 각 과목을 100점 만점으로 하여 평균 60점 이상
 ※ 평균이 60점 이상이라 하더라도 결시과목이 있을 경우에는 불합격 처리함

시험에 관한 자세한 사항은 해당 시·도 교육청 홈페이지에서 시험공고문을 확인하시기 바랍니다.

차 례

Chapter 01

수

01 수

 한 자리의 수부터 천만까지의 수, 억, 조의 큰 수에 대한 개념을 학습하고, 각 자리의 자리 이름, 자리 숫자에 대한 파악과 함께 바르게 읽는 방법을 알아야 합니다.

01 1000까지의 수

1 한 자리의 수

쓰기	0	1	2	3	4	5	6	7	8	9
읽기	영	하나	둘	셋	넷	다섯	여섯	일곱	여덟	아홉
		일	이	삼	사	오	육	칠	팔	구

2 두 자리의 수

(1) 십, 몇십

묶음의 수		낱개의 수
1		10
2		20
3		30

4		40
5		50
6		60
7		70
8		80
9		90

쓰기	10	20	30	40	50	60	70	80	90
읽기	십	이십	삼십	사십	오십	육십	칠십	팔십	구십
	열	스물	서른	마흔	쉰	예순	일흔	여든	아흔

(2) 몇십 몇

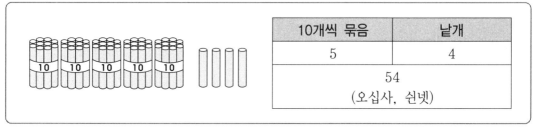

10개씩 묶음	낱개
5	4
54 (오십사, 쉰넷)	

① 10개씩 5묶음과 낱개 4개이면 54라고 한다.

② 54는 '오십사 또는 쉰넷'이라고 읽는다.

(3) 크기 비교

① 자리의 숫자로 비교

㉠ 십의 자리 비교

$$83 \,\textcircled{>}\, 76$$
$$\underset{8>7}{\rule{0pt}{0pt}}$$

㉡ 일의 자리 비교

$$42 \,\textcircled{<}\, 47$$
$$\underset{2<7}{\rule{0pt}{0pt}}$$

② 십의 자리, 일의 자리의 차례로 비교한다.

바르고 빠르게 확인 ▶

01 다음을 숫자로 나타내시오.

(1) 예순셋   (2) 사십삼

02 □ 안에 알맞은 수를 써넣으시오.

(1) 57은 10개씩 □묶음과 낱개 □개이다.

(2) 69는 10개씩 □묶음과 낱개 □개이다.

03 두 수의 크기를 비교하여 ○ 안에 >, <를 알맞게 써넣으시오.

(1) 63 ○ 48

(2) 76 ○ 79

---

01 (1) 63
   (2) 43

02 (1) 5, 7
   (2) 6, 9

03 (1) >
   (2) <

3 세 자리의 수

(1) 백, 몇백

$$100 \begin{cases} 10이\ 10인\ 수 \\ 99보다\ 1\ 큰\ 수 \\ 90보다\ 10\ 큰\ 수 \end{cases} \leftarrow\ '백'이라고\ 읽는다.$$

쓰기	100	200	300	400	500	600	700	800	900
읽기	백	이백	삼백	사백	오백	육백	칠백	팔백	구백

(2) 세 자리의 수, 자릿값

$$\begin{cases} 100이\ 3 \\ 10이\ 2 \\ 1이\ 7 \end{cases} 이면\ 327 \leftarrow\ '삼백이십칠'이라고\ 읽는다.$$

자리 이름 →	백의 자리	십의 자리	일의 자리
자리 숫자 →	3	2	7

⇩

나타내는 수	백의 자리	십의 자리	일의 자리
	3	0	0
		2	0
			7

(3) 크기 비교

① 자리의 숫자로 비교

　㉠ 백의 자리

$$369 > 288$$
$$\underset{3>2}{\underbrace{\qquad\qquad}}$$

     ⓵ 십의 자리

$$439 \,\bigcirc\, 441$$
3 < 4

     ⓶ 일의 자리

$$743 \,\bigcirc\, 741$$
3 > 1

   ② 백의 자리, 십의 자리, 일의 자리의 차례로 비교한다.

바르게 확인 ▸▸

01 □ 안에 알맞은 수를 써넣으시오.

(1) 100이 5 ┐
    10이 3 ├ 이면 [   ]
     1이 4 ┘

(2) 100이 6 ┐
    10이 4 ├ 이면 [   ]
     1이 7 ┘

02 다음을 숫자로 나타내시오.

(1) 이백구십팔   (2) 오백십칠
(3) 칠백이십

03 두 수의 크기를 비교하여 ○ 안에 >, <를 알맞게 써넣으시오.

(1) 548 ○ 492
(2) 829 ○ 831
(3) 474 ○ 476

01 (1) 534
    (2) 647

02 (1) 298
    (2) 517
    (3) 720

03 (1) >
    (2) <
    (3) <

02 10000까지의 수

1 천, 몇천

(1) 천

$$1000 \begin{cases} 100이\ 10인\ 수 \\ 10이\ 100인\ 수 \\ 999보다\ 1\ 큰\ 수 \\ 990보다\ 10\ 큰\ 수 \\ 900보다\ 100\ 큰\ 수 \end{cases} \leftarrow '천'이라고\ 읽는다.$$

(2) 몇천

쓰기	1000	2000	3000	4000	5000	6000	7000	8000	9000
읽기	천	이천	삼천	사천	오천	육천	칠천	팔천	구천

바른로 확인 ▶▶

01 다음 중 크기가 <u>다른</u> 것은 어느 것인가?

① 999보다 1 큰 수　　② 990보다 100 큰 수

③ 100이 10인 수　　④ 900보다 100 큰 수

02 다음 수를 읽어보시오.

(1) 2000　　　　　(2) 9000

03 □ 안에 알맞은 수를 써넣으시오.

> 4000은 1000이 □인 수이다.

01 ②
　② 1090
　①, ③, ④ 1000

02 (1) 이천　　(2) 구천

03 4

2 네 자리의 수, 자릿값

```
1000이 2 ┐
 100이 3 │ 이면 2356 ← '이천삼백오십육'이라고 읽는다.
  10이 5 │
   1이 6 ┘
```

자리 이름 →	천의 자리	백의 자리	십의 자리	일의 자리
자리 숫자 →	2	3	5	6

⇩

나타내는 수	2	0	0	0
		3	0	0
			5	0
				6

바릅로 확인 ▶▶

01 □ 안에 알맞은 수나 말을 써넣으시오.

> 1000이 4, 100이 2, 100이 0, 10이 7이면 [　　　]이고,
> [　　　]이라고 읽는다.

02 다음을 숫자로 나타내시오.

(1) 육천삼백칠십 　　　(2) 이천구

03 다음 수를 읽어보시오.

(1) 7923 　　　(2) 2810

01 4207, 사천이백칠

02 (1) 6370
　　(2) 2009

03 (1) 칠천구백이십삼
　　(2) 이천팔백십

3 수의 차례와 뛰어 세기

(1) 수의 차례

← 1씩 작아진다.

| 1998 | 1999 | 2000 | 2001 | 2002 |

1씩 커진다. →

바로 앞에 있는 수는 1이 작은 수   바로 뒤에 있는 수는 1이 큰 수

(2) 뛰어 세기

① 10씩 뛰어 세면 십의 자리 숫자가 1씩 커진다.

| 2850 | 2860 | 2870 | 2880 | 2890 |

+10   +10   +10   +10

② 100씩 뛰어 세면 백의 자리 숫자가 1씩 커진다.

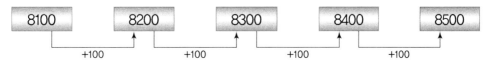

| 8100 | 8200 | 8300 | 8400 | 8500 |

+100   +100   +100   +100

③ 1000씩 뛰어 세면 천의 자리 숫자가 1씩 커진다.

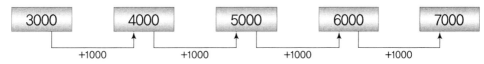

| 3000 | 4000 | 5000 | 6000 | 7000 |

+1000   +1000   +1000   +1000

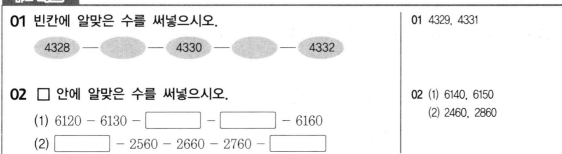

바르게 확인 ▸▸

01 빈칸에 알맞은 수를 써넣으시오.

4328 — ◯ — 4330 — ◯ — 4332

01 4329, 4331

02 □ 안에 알맞은 수를 써넣으시오.

(1) 6120 – 6130 – [ ] – [ ] – 6160

(2) [ ] – 2560 – 2660 – 2760 – [ ]

02 (1) 6140, 6150
　　(2) 2460, 2860

4 네 자리 수의 크기 비교

(1) 자리의 숫자로 비교

① 천의 자리 비교

5379 ⊃ 4371
└──5>4──┘

② 백의 자리 비교

2854 ⊂ 2954
└──8<9──┘

③ 십의 자리 비교

6381 ⊃ 6375
└──8>7──┘

④ 일의 자리 비교

7456 ⊂ 7458
└──6<8──┘

(2) 천의 자리, 백의 자리, 십의 자리, 일의 자리의 차례로 비교한다.

바로로 확인

01 두 수의 크기를 비교하여 ○ 안에 >, <를 알맞게 써넣으시오.

(1) 2460 ○ 2470   (2) 3081 ○ 2985

02 다음 수들을 큰 수부터 차례로 나열하시오.

4806, 5321, 3920, 4903

01 (1) <
   (2) >

02 5321, 4903, 4806, 3920

03 큰 수

1 천만까지의 수

(1) 다섯 자리의 수

① 만

10000 또는 1만 ─┬─ 1000이 10개인 수
               ├─ 100이 100개인 수
               ├─ 10이 1000개인 수
               ├─ 9999보다 1 큰 수   ← '만 또는 일만'이라고 읽는다.
               ├─ 9990보다 10 큰 수
               ├─ 9900보다 100 큰 수
               └─ 9000보다 1000 큰 수

② 다섯 자리의 수 읽기 중요⁺

10000이 4개 ─┐
1000이 7개 │
100이 8개   ├─ 이면 47823 ← '사만 칠천팔백이십삼'이라고 읽는다.
10이 2개   │
1이 3개   ─┘

자리 이름 →	만의 자리	천의 자리	백의 자리	십의 자리	일의 자리
자리 숫자 →	4	7	8	2	3

⇩

나타내는 수	4	0	0	0	0
		7	0	0	0
			8	0	0
				2	0
					3

(2) 십만, 백만, 천만

10000의 개수	쓰기	읽기
10000이 10개	100000 또는 10만	십만
10000이 100개	1000000 또는 100만	백만
10000이 1000개	10000000 또는 1000만	천만

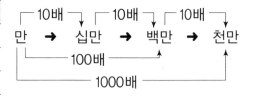

(3) 천만 단위 수 읽기

① 일의 자리부터 네 자리씩 나누고 만을 이용하여 왼쪽부터 차례대로 읽는다.

4	9	7	2	5	6	3	8
천	백	십	일	천	백	십	일
			만				
사천	구백	칠십	이만	오천	육백	삼십	팔

→ '사천구백칠십이만 오천육백삼십팔'이라고 읽는다.

② 자리의 숫자가 0인 경우에는 생략해서 읽는다.

3	9	0	2	5	0	6	8
천	백	십	일	천	백	십	일
			만				
삼천	구백		이만	오천		육십	팔

→ '삼천구백이만 오천육십팔'이라고 읽는다.

바르로 확인 ▶▶

기출

01 다음 수 카드를 모두 한 번씩만 나열하여 가장 큰 수를 만들 때, 천의 자리 숫자는?

① 2
② 5
③ 6
④ 8

기출

02 다음 중 32000을 바르게 읽은 것은?

① 삼천이백
② 삼만 이천
③ 삼십이만
④ 삼백이십만

03 □ 안에 알맞은 수나 말을 써넣으시오.

(1) 49257107에서 4는 □의 자리 숫자이고, □을 나타 낸다.

(2) 74982510에서 2는 □의 자리 숫자이고, □을 나타 낸다.

04 다음 수를 읽어보시오.

(1) 495300
(2) 78645039

05 다음을 숫자로 나타내시오.

(1) 삼백이십오만
(2) 사천칠십구만 오천이십구

---

01 ③

만들 수 있는 가장 큰 숫자는 865200이고, 이때 천의 자리 숫자는 6이다.

02 ②

① 삼천이백 : 3200
③ 삼십이만 : 320000
④ 삼백이십만 : 3200000

03 (1) 천만, 40000000
(2) 천, 2000

04 (1) 사십구만 오천삼백
(2) 칠천팔백육십사만 오천삼 십구

05 (1) 3250000
(2) 40795029

2 억과 조

(1) 억

1000만이 10개인 수를 '100000000 또는 1억'이라 쓰고, '억 또는 일억'이라고 읽는다.

(2) 천억 단위 수 읽기

일의 자리에서부터 네 자리씩 나누고 만, 억을 이용하여 차례대로 읽는다.

2	7	1	6	4	5	8	9	3	7	9	2
천	백	십	일	천	백	십	일	천	백	십	일
			억				만				
이천	칠백	십	육억	사천	오백	팔십	구만	삼천	칠백	구십	이

➡ '이천칠백십육억 사천오백팔십구만 삼천칠백구십이'라고 읽는다.

(3) 조

1000억이 10개인 수를 '1000000000000 또는 1조'라 쓰고, '조 또는 일조'라고 읽는다.

(4) 천조 단위 수 읽기

일의 자리부터 네 자리씩 나누고 만, 억, 조를 이용하여 차례대로 읽는다.

7	3	1	4	5	0	6	8	9	5	2	7	1	0	3	8
천	백	십	일	천	백	십	일	천	백	십	일	천	백	십	일
			조				억				만				
칠천	삼백	십	사조	오천		육십	팔억	구천	오백	이십	칠만	천		삼십	팔

➡ '칠천삼백십사조 오천육십팔억 구천오백이십칠만 천삼십팔'이라고 읽는다.

바로로 확인

01 다음을 숫자로 나타내시오.

(1) 1억이 17개인 수

(2) 이십사억 오천육백칠만 구천이백삼십칠

02 다음 수를 읽어보시오.

(1) 8452709601395   (2) 74951028469302

---

01 (1) 1700000000

    (2) 2456079237

02 (1) 팔조 사천오백이십칠억
       구백육십만 천삼백구십오

    (2) 칠십사조 구천오백십억 이천
       팔백사십육만 구천삼백이

3 큰 수의 뛰어 세기와 크기 비교

(1) 뛰어 세기

① 10000씩 뛰어 세기 : 만의 자리 숫자가 1씩 커진다.

25000 — 35000 — 45000 — 55000 — 65000

② 1억씩 뛰어 세기 : 억의 자리 숫자가 1씩 커진다.

3억 6만 — 4억 6만 — 5억 6만 — 6억 6만 — 7억 6만

③ 1조씩 뛰어 세기 : 조의 자리 숫자가 1씩 커진다.

1725조 — 1726조 — 1727조 — 1728조 — 1729조

(2) 크기 비교

① 자릿수가 같은지 다른지 비교한다.

② 자릿수가 다르면 자릿수가 많은 쪽이 더 크다.

47501972 $>$ 5786042
(8자리의 수)   (7자리의 수)

③ 자릿수가 같으면 가장 높은 자리의 수부터 차례로 비교하여 수가 큰 쪽이 더 크다.

3907680000 $>$ 3904590000
└──── 7>4 ──┘

바릅로 확인 ▶▶

기출
01 다음은 23000부터 1000씩 뛰어 세기를 나타낸 것이다. □에 알맞은 수는?

① 26000   ② 26100
③ 26200   ④ 26300

01 ①
1000씩 뛰어 세면 천의 자리 숫자가 1씩 커지므로 □에 알맞은 수는 26000이다.

02 □ 안에 알맞은 수를 써넣으시오.

(1) 3830억 − 3840억 − [   ] − [   ] − 3870억
(2) [   ] − 2400억 − [   ] − 2600억 − 2700억

02 (1) 3850억, 3860억
(2) 2300억, 2500억

기출
03 그림은 지역별 인구를 나타낸 것이다. 인구가 가장 많은 곳은?

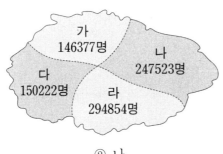

① 가   ② 나
③ 다   ④ 라

03 ④
라(294854명) > 나(247523명) > 다(150222명) > 가(146377명) 순서대로 인구가 많다.

04 두 수의 크기를 비교하여 ○ 안에 >, =, <를 알맞게 써넣으시오.

(1) 9045780 ○ 50683070
(2) 63억 2746만 ○ 62억 3486만

04 (1) <
(2) >

01 다음 중 10000에 대한 설명으로 옳지 <u>않은</u> 것은?

① 100이 100개인 수이다.

② 9000보다 1000 큰 수이다.

③ 9900의 100배이다.

④ 9999보다 1 큰 수이다.

02 □ 안에 들어갈 알맞은 수는?

> 10000은 8000보다 [   ] 큰 수입니다.

① 1000

② 2000

③ 3000

④ 4000

03 다음 수를 바르게 읽은 것은?

> 27000

① 이천칠백

② 이만 칠천

③ 이십칠만

④ 이백칠십만

04 다음을 숫자로 옳게 나타낸 것은?

> 삼만 칠천이백

① 23700

② 27200

③ 32700

④ 37200

05 다음은 41978의 각 자리의 자릿값을 나타낸 것이다. ㉠에 알맞은 수는?

자리	만	천	백	십	일
수	㉠	1000	900	70	8

① 400
② 4000
③ 40000
④ 400000

06 □ 안에 알맞은 수는?

$$52900 = 50000 + \boxed{} + 900$$

① 20
② 200
③ 2000
④ 20000

07 다음 중 6이 6000을 나타내는 수는?

① 57683
② 61430
③ 76291
④ 37068

08 38941과 천의 자리 숫자가 같은 수는?

① 26974
② 48169
③ 71296
④ 95423

09 35798에서 만의 자리 숫자는?

① 3 　　　　　② 5
③ 7 　　　　　④ 9

09
'3'은 만의 자리, '5'는 천의 자리, '7'은 백의 자리, '9'는 십의 자리, '8'은 일의 자리 숫자이다.

10 다음 ㉠과 ㉡에 들어갈 알맞은 수는?

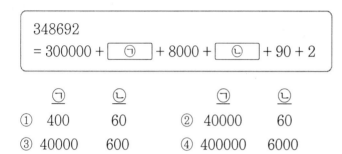

$$348692 = 300000 + \boxed{㉠} + 8000 + \boxed{㉡} + 90 + 2$$

	㉠	㉡		㉠	㉡
①	400	60	②	40000	60
③	40000	600	④	400000	6000

10
348692
= 300000+40000+8000+600+90+2

11 다음 중 십만의 자리 숫자가 5인 수는?

① 412087 　　　② 568342
③ 4915367 　　　④ 5678419

11
십만의 자리 숫자를 각각 알아보면 ① 4, ② 5, ③ 9, ④ 6이므로 십만의 자리 숫자가 5인 수는 ②이다.

12 다음은 25000부터 10000씩 뛰어 세기를 나타낸 것이다. □에 알맞은 수는?

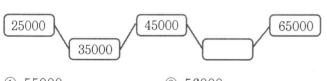

① 55000 　　　② 56000
③ 57000 　　　④ 58000

12
10000씩 뛰어서 세면 만의 자리 숫자가 1씩 커지므로 □에 알맞은 수는 55000이다.

ANSWER
09. ① 　**10.** ③ 　**11.** ② 　**12.** ①

13 1000만이 10개인 수는?

① 100만   ② 1000만

③ 1억   ④ 1조

13

1000만이 10개인 수는 '1억'이라고 쓰고, '억 또는 일억'이라고 읽는다.

14 다음에서 설명하는 수는?

> 억이 4912개, 만이 3458개, 일이 6025개

① 345849126025   ② 345860254912

③ 491234586025   ④ 491260253458

14

억이 4912개, 만이 3458개, 일이 6025개
→ 4912억 3458만 6025
→ 491234586025

15 1조는 9990억보다 몇 큰 수인가?

① 10만   ② 100만

③ 10억   ④ 100억

15

1조는 9990억보다 10억 큰 수이다.

16 다음 일곱 자리 수에서 숫자 5가 나타내는 값이 가장 큰 것은?

$$\underset{\underset{㉠ ㉡ ㉢ ㉣}{\uparrow\ \uparrow\ \uparrow\ \uparrow}}{5\,9\,5\,4\,5\,7\,5}$$

① ㉠   ② ㉡

③ ㉢   ④ ㉣

16

㉠ 5000000
㉡ 50000
㉢ 500
㉣ 5

A N S W E R

13. ③   **14.** ③   **15.** ③   **16.** ①

17 □ 안에 알맞은 수는?

| 8729억 – 8739억 – | | – 8759억 – 8769억 |

① 8479억   ② 8719억

③ 8749억   ④ 8794억

18 □ 안에 들어갈 수 있는 수는?

| 2489156703 < 24□8591473 |

① 6   ② 7

③ 8   ④ 9

17

10억씩 뛰어 세면 십억의 자리 숫자가 1씩 커진다.

18

두 수 모두 10자리 수로 자릿수가 같다. 십억의 자리 숫자, 억의 자리 숫자가 각각 같고, 백만의 자리 숫자가 9 > 8이므로 □ 안에는 8보다 큰 수가 들어가야 한다. 따라서 □ 안에 들어갈 수 있는 수는 9이다.

ANSWER

17. ③   18. ④

NOTE

Chapter
02

덧셈과 뺄셈,
곱셈과 나눗셈

자연수의 덧셈과 뺄셈, 곱셈, 나눗셈 방법에 대한 이해와 덧셈, 뺄셈, 곱셈, 나눗셈이 섞여 있는 식의 계산에서의 계산 순서에 대한 학습이 필요합니다.

01 덧셈과 뺄셈

1 덧셈과 뺄셈의 기초

(1) 덧셈의 기초

① (몇) + (몇)

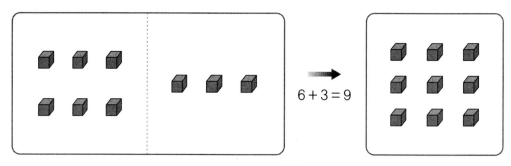

$$6 + 3 = 9$$

6과 3을 더하는 것을 '+'를 사용하여 '6 + 3'이라 쓰고, '6 더하기 3'이라고 읽는다.

② (몇십) + (몇)

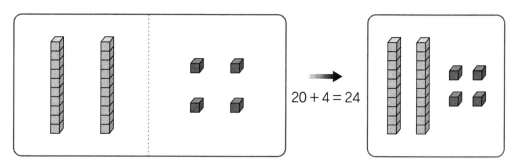

$$20 + 4 = 24$$

③ 받아올림이 없는 (몇십 몇)＋(몇)

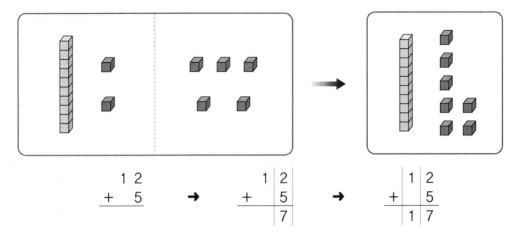

④ 받아올림이 한 번 있는 (몇십 몇)＋(몇)

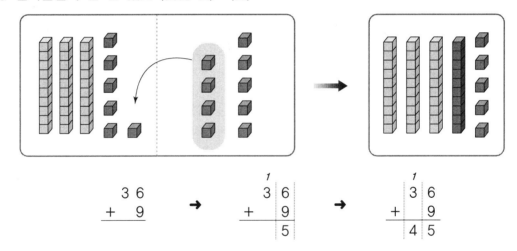

⑤ 받아올림이 없는 (몇십 몇)＋(몇십 몇)

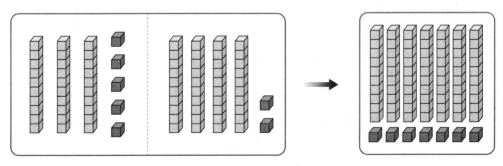

```
  3 5          3 │ 5          │ 3 │ 5
+ 4 2    →   + 4 │ 2    →   + │ 4 │ 2
             ───┼─┼─       ───┼─┼─┼─
                 │ 7            │ 7 │ 7
```

⑥ 받아올림이 한 번 있는 (몇십 몇)+(몇십 몇)

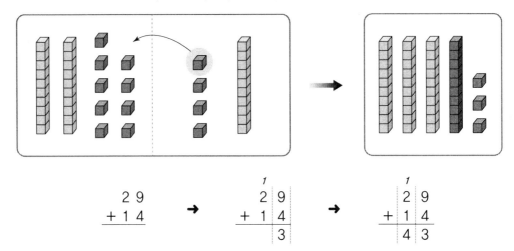

```
               1              1
  2 9          2 │ 9          │ 2 │ 9
+ 1 4    →   + 1 │ 4    →   + │ 1 │ 4
             ───┼─┼─       ───┼─┼─┼─
                 │ 3            │ 4 │ 3
```

바릅.로 확인 ▶▶

01 다음을 계산하시오.

(1) $30 + 7$ (2) $27 + 2$

(3)
```
  4 7
+   5
```

(4)
```
  5 9
+   4
```

01 (1) 37   (2) 29

     (3) 52   (4) 63

02 계산한 결과가 같은 것끼리 연결하시오.

(1) $40 + 3$ •   • ㉠ $21 + 17$

(2) $29 + 9$ •   • ㉡ $41 + 8$

(3) $17 + 32$ •   • ㉢ $27 + 16$

02 (1)-㉢, (2)-㉠, (3)-㉡

(2) 뺄셈의 기초

① (몇) − (몇)

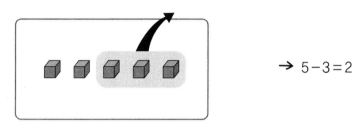

→ 5−3=2

5에서 3을 빼는 것을 '−'를 사용하여 '5−3'이라 쓰고, '5 빼기 3'이라고 읽는다.

② 받아내림이 없는 (몇십 몇) − (몇)

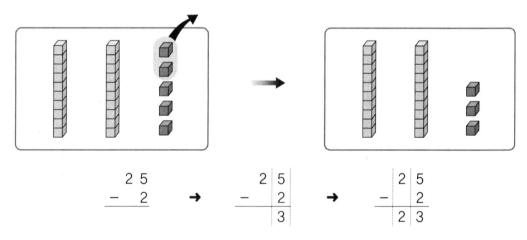

$$\begin{array}{r} 2\ 5 \\ -\ \ 2 \\ \hline \end{array}$$ → $$\begin{array}{r|l} 2 & 5 \\ - & 2 \\ \hline & 3 \end{array}$$ → $$\begin{array}{r|l} 2 & 5 \\ - & 2 \\ \hline 2 & 3 \end{array}$$

③ 받아내림이 한 번 있는 (몇십 몇) − (몇)

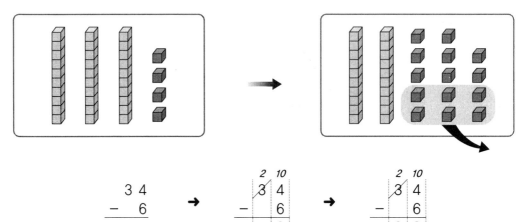

$$\begin{array}{r} 3\ 4 \\ -\quad 6 \\ \hline \end{array}$$ → $$\begin{array}{r} \overset{2}{\cancel{3}}\ \overset{10}{4} \\ -\quad 6 \\ \hline \quad 8 \end{array}$$ → $$\begin{array}{r} \overset{2}{\cancel{3}}\ \overset{10}{4} \\ -\quad 6 \\ \hline 2\ 8 \end{array}$$

④ 받아내림이 없는 (몇십 몇) − (몇십 몇)

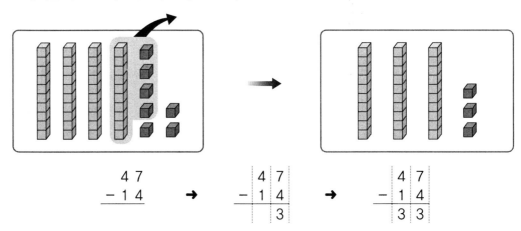

$$\begin{array}{r} 4\ 7 \\ -1\ 4 \\ \hline \end{array}$$ → $$\begin{array}{r} 4\ 7 \\ -1\ 4 \\ \hline \quad 3 \end{array}$$ → $$\begin{array}{r} 4\ 7 \\ -1\ 4 \\ \hline 3\ 3 \end{array}$$

⑤ 받아내림이 한 번 있는 (몇십 몇) – (몇십 몇)

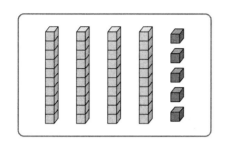

→

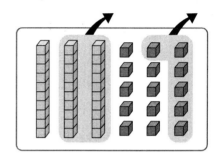

$$\begin{array}{r} 4\ 5 \\ -\ 2\ 6 \\ \hline \end{array}$$
→
$$\begin{array}{r} \overset{3}{\cancel{4}}\ \overset{10}{5} \\ -\ 2\ 6 \\ \hline 9 \end{array}$$
→
$$\begin{array}{r} \overset{3}{\cancel{4}}\ \overset{10}{5} \\ -\ 2\ 6 \\ \hline 1\ 9 \end{array}$$

바로로 확인 ▶▶

01 다음을 계산하시오.

(1) $37-2$ (2) $89-15$

(3) $\begin{array}{r} 4\ 3 \\ -\quad 9 \\ \hline \end{array}$ (4) $\begin{array}{r} 7\ 1 \\ -\ 5\ 9 \\ \hline \end{array}$

02 계산한 결과가 같은 것끼리 연결하시오.

(1) $53-21$ •   • ㉠ $41-9$

(2) $34-16$ •   • ㉡ $45-36$

(3) $28-19$ •   • ㉢ $22-4$

01 (1) 35   (2) 74
     (3) 34   (4) 12

02 (1)-㉠, (2)-㉢, (3)-㉡

2 세 자리 수의 덧셈

(1) 받아올림이 없는 (세 자리 수) + (세 자리 수)

① 받아올림이 없는 세 자리 수의 덧셈 방법

㉠ 각 자리의 숫자를 맞추어 쓴다.

㉡ 일의 자리부터 차례로 더한 값을 적는다.

㉢ 십의 자리, 백의 자리까지 더한 값을 차례로 적는다.

$$
\begin{array}{r} 3\,2\,4 \\ +\,2\,6\,1 \\ \hline \end{array}
\;\rightarrow\;
\begin{array}{r} 3\,2\,4 \\ +\,2\,6\,1 \\ \hline 5 \end{array}
\;\rightarrow\;
\begin{array}{r} 3\,2\,4 \\ +\,2\,6\,1 \\ \hline 8\,5 \end{array}
\;\rightarrow\;
\begin{array}{r} 3\,2\,4 \\ +\,2\,6\,1 \\ \hline 5\,8\,5 \end{array}
$$

② 324+261을 여러 가지 방법으로 계산하기

방법1 300+200, 20+60, 4+1을 차례대로 계산하기

300+200=500, 20+60=80, 4+1=5 → 324+261=585

방법2 24+61, 300+200을 차례대로 계산하기

24+61=85, 300+200=500 → 324+261=585

방법3 4+1, 20+60, 300+200을 차례대로 계산하기

4+1=5, 20+60=80, 300+200=500 → 324+261=585

(2) 받아올림이 1번 있는 (세 자리 수) + (세 자리 수)

① 받아올림이 1번 있는 세 자리 수의 덧셈 방법

㉠ 각 자리의 숫자를 맞추어 쓴다.

㉡ 일의 자리부터 차례로 더하고, 이때 합이 10이거나 10보다 크면 10을 바로 윗자리로 받아올림한다.

㉢ 받아올림한 수에 주의하여 십의 자리, 백의 자리까지 더한 값을 차례로 적는다.

$$
\begin{array}{r} 2\,5\,4 \\ +\,1\,3\,7 \\ \hline \end{array}
\;\rightarrow\;
\begin{array}{r} {}^{1}\;\; \\ 2\,5\,4 \\ +\,1\,3\,7 \\ \hline 1 \end{array}
\;\rightarrow\;
\begin{array}{r} {}^{1}\;\; \\ 2\,5\,4 \\ +\,1\,3\,7 \\ \hline 9\,1 \end{array}
\;\rightarrow\;
\begin{array}{r} {}^{1}\;\; \\ 2\,5\,4 \\ +\,1\,3\,7 \\ \hline 3\,9\,1 \end{array}
$$

② 254+137을 여러 가지 방법으로 계산하기

방법1 200+100, 50+30, 4+7을 차례대로 계산하기

200+100=300, 50+30=80, 4+7=11 → 254+137=391

방법2 250+130을 먼저 계산하고, 4+7의 값에 더하기

250+130=380, 4+7=11 → 254+137=391

(3) 받아올림이 2번 있는 (세 자리 수)+(세 자리 수)

① 각 자리의 숫자를 맞추어 쓴다.

② 일의 자리부터 차례로 더하고, 이때 합이 10이거나 10보다 크면 10을 바로 윗자리로 받아올림한다.

③ 받아올림한 수에 주의하여 십의 자리, 백의 자리, 천의 자리까지 더한 값을 차례로 적는다.

$$
\begin{array}{r} 4\ 3\ 7 \\ +\ 2\ 8\ 6 \\ \hline \end{array}
\ \rightarrow\
\begin{array}{r} \overset{1}{4}\ 3\ 7 \\ +\ 2\ 8\ 6 \\ \hline 3 \end{array}
\ \rightarrow\
\begin{array}{r} \overset{1}{4}\ \overset{1}{3}\ 7 \\ +\ 2\ 8\ 6 \\ \hline 2\ 3 \end{array}
\ \rightarrow\
\begin{array}{r} \overset{1}{4}\ \overset{1}{3}\ 7 \\ +\ 2\ 8\ 6 \\ \hline 7\ 2\ 3 \end{array}
$$

바른로 확인 ▶

01 다음 덧셈을 하시오.

(1)
$$
\begin{array}{r} 4\ 3\ 1 \\ +\ 2\ 6\ 2 \\ \hline \end{array}
$$

(2)
$$
\begin{array}{r} 1\ 9\ 2 \\ +\ 1\ 7\ 5 \\ \hline \end{array}
$$

02 사탕 1개는 210원, 초콜릿 1개는 350원이다. 사탕과 초콜릿을 1개씩 사면 총 얼마를 내야 하는지 구하시오.

01 (1) 693　　(2) 367

02 560원

210+350=560(원)

3 세 자리 수의 뺄셈

(1) 받아내림이 없는 (세 자리 수) − (세 자리 수)

① 받아내림이 없는 세 자리 수의 뺄셈 방법

㉠ 각 자리의 숫자를 맞추어 쓴다.

㉡ 일의 자리부터 차례로 뺀 값을 적는다.

㉢ 십의 자리, 백의 자리까지 뺀 값을 차례로 적는다.

$$
\begin{array}{r} 794 \\ -\,451 \\ \hline \end{array}
\;\rightarrow\;
\begin{array}{r} 794 \\ -\,451 \\ \hline 3 \end{array}
\;\rightarrow\;
\begin{array}{r} 794 \\ -\,451 \\ \hline 43 \end{array}
\;\rightarrow\;
\begin{array}{r} 794 \\ -\,451 \\ \hline 343 \end{array}
$$

② 794−451을 여러 가지 방법으로 계산하기

방법1 700−400, 90−50, 4−1을 차례대로 계산하기

700−400=300, 90−50=40, 4−1=3 → 794−451=343

방법2 94−51을 먼저 계산하고, 700−400의 값에 더하기

94−51=43, 700−400=300 → 794−451=343

방법3 4−1, 90−50, 700−400을 차례대로 계산하기

4−1=3, 90−50=40, 700−400=300 → 794−451=343

(2) 받아내림이 1번 있는 (세 자리 수) − (세 자리 수)

① 받아내림이 1번 있는 세 자리 수의 뺄셈 방법

㉠ 각 자리의 숫자를 맞추어 쓴다.

㉡ 일의 자리부터 차례로 빼고, 같은 자리의 수끼리 뺄 수 없을 때에는 바로 윗자리에서 10을 받아내림한다.

㉢ 받아내림한 수에 주의하여 십의 자리, 백의 자리까지 뺀 값을 차례로 적는다.

$$
\begin{array}{r} 768 \\ -\,419 \\ \hline \end{array}
\;\rightarrow\;
\begin{array}{r} 7\,\overset{5}{\cancel{6}}\,\overset{10}{8} \\ -\,419 \\ \hline 9 \end{array}
\;\rightarrow\;
\begin{array}{r} 7\,\overset{5}{\cancel{6}}\,\overset{10}{8} \\ -\,419 \\ \hline 49 \end{array}
\;\rightarrow\;
\begin{array}{r} 7\,\overset{5}{\cancel{6}}\,\overset{10}{8} \\ -\,419 \\ \hline 349 \end{array}
$$

② 768−419를 여러 가지 방법으로 계산하기

방법1 700−400, 68−19를 차례대로 계산하기

700−400=300, 68−19=49 → 768−419=349

방법2 68−19를 먼저 계산하고, 700−400의 값에 더하기

68−19=49, 700−400=300 → 768−419=349

(3) 받아내림이 2번 있는 (세 자리 수)−(세 자리 수)

① 받아내림이 2번 있는 세 자리 수의 뺄셈 방법

㉠ 각 자리의 숫자를 맞추어 쓴다.

㉡ 십의 자리, 백의 자리에서 각각 10을 받아내림하여 일의 자리부터 차례로 뺀 값을 적는다.

㉢ 받아내림한 수에 주의하여 십의 자리, 백의 자리까지 뺀 값을 차례로 적는다.

$$
\begin{array}{r} 6\ 2\ 7 \\ -\ 2\ 8\ 9 \end{array}
\rightarrow
\begin{array}{r} 6\ \overset{1}{\cancel{2}}\ \overset{10}{7} \\ -\ 2\ 8\ 9 \\ \hline 8 \end{array}
\rightarrow
\begin{array}{r} \overset{5}{\cancel{6}}\ \overset{11}{\cancel{2}}\ \overset{10}{7} \\ -\ 2\ 8\ 9 \\ \hline 3\ 8 \end{array}
\rightarrow
\begin{array}{r} \overset{5}{\cancel{6}}\ \overset{11}{\cancel{2}}\ \overset{10}{7} \\ -\ 2\ 8\ 9 \\ \hline 3\ 3\ 8 \end{array}
$$

② 627−289를 여러 가지 방법으로 계산하기

방법1 500−200, 127−89를 차례대로 계산하기

500−200=300, 127−89=38 → 627−289=338

방법2 17−9, 110−80, 500−200을 차례대로 계산하기

17−9=8, 110−80=30, 500−200=300 → 627−289=338

바름로 확인 ▶

01 ○ 안에 >, <를 알맞게 써넣으시오.

298 − 154 ○ 539 − 416

02 다음을 계산하시오.

(1)
$$\begin{array}{r} 6\ 9\ 5 \\ -\ 4\ 2\ 4 \end{array}$$

(2)
$$\begin{array}{r} 3\ 6\ 7 \\ -\ 2\ 4\ 3 \end{array}$$

(3)
$$\begin{array}{r} 5\ 6\ 8 \\ -\ 4\ 3\ 9 \end{array}$$

(4)
$$\begin{array}{r} 7\ 2\ 1 \\ -\ 2\ 3\ 5 \end{array}$$

01 144 > 123

02 (1) 271   (2) 124
     (3) 129   (4) 486

02 곱셈

1 곱셈식과 곱셈구구

(1) 곱셈식

① 덧셈식 : $5 + 5 + 5 = 15$

② 곱셈식 : $5 \times 3 = 15$

→ '5 곱하기 3은 15와 같다'라고 읽으며, 이와 같은 식을 '곱셈식'이라고 한다.

(2) 곱셈구구

① 2의 단 곱셈구구

×	1	2	3	4	5	6	7	8	9
2	2	4	6	8	10	12	14	16	18

+2 +2 +2 +2 +2 +2 +2 +2

② 3의 단 곱셈구구

×	1	2	3	4	5	6	7	8	9
3	3	6	9	12	15	18	21	24	27

+3 +3 +3 +3 +3 +3 +3 +3

③ 4의 단 곱셈구구

×	1	2	3	4	5	6	7	8	9
4	4	8	12	16	20	24	28	32	36

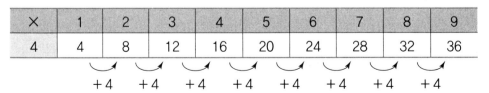

+4 +4 +4 +4 +4 +4 +4 +4

④ 5의 단 곱셈구구

×	1	2	3	4	5	6	7	8	9
5	5	10	15	20	25	30	35	40	45

+5 +5 +5 +5 +5 +5 +5 +5

⑤ 6의 단 곱셈구구

×	1	2	3	4	5	6	7	8	9
6	6	12	18	24	30	36	42	48	54

+6 +6 +6 +6 +6 +6 +6 +6

⑥ 7의 단 곱셈구구

×	1	2	3	4	5	6	7	8	9
7	7	14	21	28	35	42	49	56	63

+7 +7 +7 +7 +7 +7 +7 +7

⑦ 8의 단 곱셈구구

×	1	2	3	4	5	6	7	8	9
8	8	16	24	32	40	48	56	64	72

+8 +8 +8 +8 +8 +8 +8 +8

⑧ 9의 단 곱셈구구

×	1	2	3	4	5	6	7	8	9
9	9	18	27	36	45	54	63	72	81

+9 +9 +9 +9 +9 +9 +9 +9

⑨ 1의 단 곱셈구구

1에 어떤 수를 곱하면 곱은 항상 어떤 수 자신이 된다.

×	1	2	3	4	5	6	7	8	9
1	1	2	3	4	5	6	7	8	9

⑩ 0의 곱

0에 어떤 수를 곱하면 곱은 항상 0이 된다.

×	1	2	3	4	5	6	7	8	9
0	0	0	0	0	0	0	0	0	0

⑪ 두 수를 바꾸어 곱하기

곱셈에서 곱하는 두 수의 순서를 바꾸어 곱해도 곱은 항상 같다.

$2 \times 4 = 8$

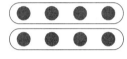
$4 \times 2 = 8$

➜ $2 \times 4 = 4 \times 2$

바로로 확인 ▶▶

기출
01 덧셈식과 곱셈식의 관계가 알맞은 것은?

① $0.3 + 0.3 + 0.3 + 0.3 = 0.3 \times 2$

② $0.4 + 0.4 + 0.4 + 0.4 = 0.4 \times 4$

③ $0.5 + 0.5 + 0.5 + 0.5 = 0.5 \times 6$

④ $0.6 + 0.6 + 0.6 + 0.6 = 0.6 \times 3$

02 □ 안에 알맞은 수를 써넣으시오.

(1) $6 \times \boxed{} = 54$

(2) $18 = \boxed{} \times 3$

(3) $45 = \boxed{} \times 5$

(4) $\boxed{} \times 9 = 36$

01 ②

① $0.3 + 0.3 + 0.3 + 0.3 = 0.3 \times 4$

③ $0.5 + 0.5 + 0.5 + 0.5 = 0.5 \times 4$

④ $0.6 + 0.6 + 0.6 + 0.6 = 0.6 \times 4$

02 (1) 9 (2) 6
(3) 9 (4) 4

2 (두 자리 수)×(한 자리 수)

(1) (몇십)×(몇)

십의 자리 숫자와 곱하여 십의 자리에 쓰고, 일의 자리에 0을 쓴다.

$$\begin{array}{r} 4\,0 \\ \times\ \ 2 \\ \hline \end{array} \quad \rightarrow \quad \begin{array}{r} 4\,0 \\ \times\ \ 2 \\ \hline 8\,0 \end{array}$$

(2) 올림이 없는 (몇십몇)×(몇)

① 일의 자리 수와의 곱은 일의 자리에 쓴다.

② 십의 자리 수와의 곱은 십의 자리에 쓴다.

$$\begin{array}{r} 2\,3 \\ \times\ \ 2 \\ \hline \end{array} \rightarrow \begin{array}{r} 2\,3 \\ \times\ \ 2 \\ \hline 6 \end{array} \rightarrow \begin{array}{r} 2\,3 \\ \times\ \ 2 \\ \hline 4\,6 \end{array}$$

(3) 십의 자리에서 올림이 있는 (몇십몇)×(몇)

① 일의 자리 수와의 곱은 일의 자리에 쓴다.

② 십의 자리 수와의 곱에서 일의 자리 숫자는 십의 자리에 쓰고, 십의 자리 숫자는 백의 자리에 쓴다.

$$\begin{array}{r} 3\,2 \\ \times\ \ 4 \\ \hline \end{array} \rightarrow \begin{array}{r} 3\,2 \\ \times\ \ 4 \\ \hline 8 \end{array} \rightarrow \begin{array}{r} 3\,2 \\ \times\ \ 4 \\ \hline 1\,2\,8 \end{array}$$

(4) 일의 자리에서 올림이 있는 (몇십몇)×(몇)

① 일의 자리 수와의 곱에서 일의 자리 숫자는 일의 자리에 쓰고, 올림한 수는 십의 자리 위에 작게 쓴다.

② 십의 자리 수와의 곱은 일의 자리에서 올림한 수와 더해서 십의 자리에 쓴다.

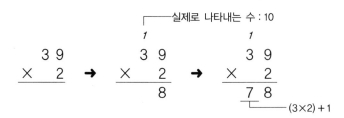

(5) 십의 자리와 일의 자리에서 올림이 있는 (몇십몇)×(몇)

① 일의 자리 수와의 곱에서 일의 자리 숫자는 일의 자리에 쓰고 올림한 수는 십의 자리 위에 작게 쓴다.

② 십의 자리 수와의 곱은 일의 자리에서 올림한 수와 더해서 십의 자리에 쓰고, 십의 자리에서 올림한 수는 백의 자리에 쓴다.

```
                    ┌──── 실제로 나타내는 수 : 20
              2              2
   6 7       6 7            6 7
 ×   4  →  ×   4  →      ×   4
              8          2 6 8
                            └──── (6×4)+2
```

바름로 확인 ▸▸

01 □ 안에 알맞은 수를 써넣으시오.	01 (1) 6 (2) 9

(1)
```
   2 0
 ×   3
 ─────
 □ 0
```

(2)
```
   2 3
 ×   4
 ─────
 □ 2
```

02 계산 결과를 비교하여 ○ 안에 >, =, <를 알맞게 써넣으시오.

(1) 40×2 ○ 10×7

(2) 31×2 ○ 21×3

02 (1) 80 > 70
(2) 62 < 63

03 다음을 계산하시오.

(1) 43×3

(2) 79×4

03 (1) 129   (2) 316

3 (세 자리 수)×(한 자리 수)

(1) 올림이 없는 (세 자리 수)×(한 자리 수)

① 일의 자리부터 순서대로 곱을 구한다.

② 십의 자리의 곱을 구한다.

③ 백의 자리의 곱을 구한다.

$$
\begin{array}{r} 1\,3\,2 \\ \times \quad 3 \\ \hline \end{array}
\;\rightarrow\;
\begin{array}{r} 1\,3\,2 \\ \times \quad 3 \\ \hline 6 \end{array}
\;\rightarrow\;
\begin{array}{r} 1\,3\,2 \\ \times \quad 3 \\ \hline 9\,6 \end{array}
\;\rightarrow\;
\begin{array}{r} 1\,3\,2 \\ \times \quad 3 \\ \hline 3\,9\,6 \end{array}
$$

(2) 일의 자리에서 올림이 있는 (세 자리 수)×(한 자리 수)

① 일의 자리부터 순서대로 곱을 구한다.

② 일의 자리의 곱이 10이거나 10보다 크면 십의 자리 위에 올림한 수를 작게 쓰고, 십의 자리의 곱에 더한다.

③ 백의 자리의 곱을 구한다.

$$
\begin{array}{r} 2\,1\,4 \\ \times \quad 3 \\ \hline \end{array}
\;\rightarrow\;
\begin{array}{r} {}^{1} \\ 2\,1\,4 \\ \times \quad 3 \\ \hline 2 \end{array}
\;\rightarrow\;
\begin{array}{r} {}^{1} \\ 2\,1\,4 \\ \times \quad 3 \\ \hline 4\,2 \end{array}
\;\rightarrow\;
\begin{array}{r} {}^{1} \\ 2\,1\,4 \\ \times \quad 3 \\ \hline 6\,4\,2 \end{array}
$$

(3) 십의 자리, 백의 자리에서 올림이 있는 (세 자리 수)×(한 자리 수)

① 일의 자리부터 순서대로 곱을 구한다.

② 각 자리의 곱이 10이거나 10보다 크면 바로 윗자리 위에 올림한 수를 작게 쓰고, 바로 윗자리의 곱에 더한다.

③ 백의 자리에서 올림이 있는 경우 올림한 수를 천의 자리에 쓴다.

$$
\begin{array}{r} 7\,2\,2 \\ \times \quad 8 \\ \hline \end{array}
\;\rightarrow\;
\begin{array}{r} {}^{1} \\ 7\,2\,2 \\ \times \quad 8 \\ \hline 6 \end{array}
\;\rightarrow\;
\begin{array}{r} {}^{1\,1} \\ 7\,2\,2 \\ \times \quad 8 \\ \hline 7\,6 \end{array}
\;\rightarrow\;
\begin{array}{r} {}^{1\,1} \\ 7\,2\,2 \\ \times \quad 8 \\ \hline 5\,7\,7\,6 \end{array}
$$

바로바로 확인 >>

01 □ 안에 알맞은 수를 써넣으시오.

(1)
$$
\begin{array}{r}
4\ 3\ 3 \\
\times \quad\quad 2 \\
\hline
\boxed{} \cdots (3\times 2) \\
\boxed{} \cdots (30\times 2) \\
\boxed{} \cdots (400\times 2) \\
\boxed{}
\end{array}
$$

(2)
$$
\begin{array}{r}
3\ 6\ 7 \\
\times \quad\quad 2 \\
\hline
\boxed{} \cdots (7\times 2) \\
\boxed{} \cdots (60\times 2) \\
\boxed{} \cdots (300\times 2) \\
\boxed{}
\end{array}
$$

02 □ 안의 수가 실제로 나타내는 수는 얼마인가?

(1)
$$
\begin{array}{r}
\boxed{1} \\
1\ 1\ 3 \\
\times \quad\quad 4 \\
\hline
4\ 5\ 2
\end{array}
$$

(2)
$$
\begin{array}{r}
\boxed{2} \\
2\ 6\ 1 \\
\times \quad\quad 4 \\
\hline
1\ 0\ 4\ 4
\end{array}
$$

03 □ 안에 알맞은 수를 써넣으시오.

(1)
$$
\begin{array}{r}
2\ 3\ 4 \\
\times \quad \boxed{} \\
\hline
4\ 6\ 8
\end{array}
$$

(2)
$$
\begin{array}{r}
1\ 2\ 8 \\
\times \quad\quad 3 \\
\hline
3\ \boxed{}\ 4
\end{array}
$$

(3)
$$
\begin{array}{r}
3\ 4\ 1 \\
\times \quad\quad 5 \\
\hline
1\ \boxed{}\ 0\ 5
\end{array}
$$

(4)
$$
\begin{array}{r}
6\ 7\ \boxed{} \\
\times \quad\quad 4 \\
\hline
2\ 7\ 1\ 2
\end{array}
$$

04 계산 결과를 비교하여 ○ 안에 >, =, <를 알맞게 써 넣으시오.

(1) $112 \times 3 \bigcirc 131 \times 2$

(2) $226 \times 3 \bigcirc 361 \times 2$

05 다음을 계산하시오.

(1) 242×3

(2) 403×2

---

01 (1) 6, 60, 800, 866
    (2) 14, 120, 600, 734

02 (1) 10
    (2) 200

03 (1) 2   (2) 8
    (3) 7   (4) 8

04 (1) 336 > 262
    (2) 678 < 722

05 (1) 726
    (2) 806

4 (두 자리 수)×(두 자리 수)

(1) (몇십)×(몇십)

$$20 \times 60 = 20 \times 6 \times 10$$
$$= 120 \times 10$$
$$= 1200$$

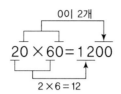

(2) (몇십몇)×(몇십)

$$23 \times 20 = 23 \times 2 \times 10$$
$$= 46 \times 10$$
$$= 460$$

0이 1개

$$23 \times 20 = 460$$

$23 \times 2 = 46$

(3) 올림이 1번 있는 (몇십몇)×(몇십몇)

```
   1 3          1
 × 1 6        1 3          1 3              1 3
          → × 1 6    → × 1 6     →      × 1 6
             7 8        7 8              7 8 … (13×6)
                       1 3 0          1 3 0 … (13×10)
                                      2 0 8
```

(4) 올림이 여러 번 있는 (몇십몇)×(몇십몇)

```
   2 4          2             1
 × 4 7        2 4          2 4               2 4
          → × 4 7    → × 4 7     →      ×    4 7
             1 6 8      1 6 8            1 6 8 … (24×7)
                        9 6 0          9 6 0 … (24×40)
                                       1 1 2 8
```

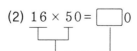

01 □ 안에 알맞은 수를 써넣으시오.

(1) $30 \times 70 = \boxed{}00$

(2) $16 \times 50 = \boxed{}0$

01 (1) 21
    (2) 80

5 (세 자리 수)×(두 자리 수)

(1) (세 자리 수)×(몇십)

① (세 자리 수)×(몇십) : (세 자리 수)×(몇)의 값에 0을 1개 붙인다.

$$\begin{array}{r} 2\,1\,5 \\ \times\ \ 3\,0 \\ \hline \end{array} \rightarrow \begin{array}{r} 2\,1\,5 \\ \times\ \ 3\,0 \\ \hline 0 \end{array} \rightarrow \begin{array}{r} 2\,1\,5 \\ \times\ \ 3\,0 \\ \hline 6\,4\,5\,0 \end{array}$$

$$215 \times 30 = 645\,0$$

$215 \times 3 = 645$

곱셈에 있는 0의 개수 : 1개

② (몇백)×(몇십) : (몇)×(몇)의 값에 곱하는 두 수의 0의 개수만큼 0을 붙인다.

$$300 \times 50 = 15\,000$$

$3 \times 5 = 15$

곱셈에 있는 0의 개수 : 3개

(2) (세 자리 수)×(두 자리 수) 중요⁺

$$\begin{array}{r} 4\,5\,3 \\ \times\ \ 3\,9 \\ \hline \end{array} \rightarrow \begin{array}{r} 4\,5\,3 \\ \times\ \ 3\,9 \\ \hline 4\,0\,7\,7 \end{array} \rightarrow \begin{array}{r} 4\,5\,3 \\ \times\ \ 3\,9 \\ \hline 4\,0\,7\,7 \\ 1\,3\,5\,9\,0 \end{array} \rightarrow \begin{array}{r} 4\,5\,3 \\ \times\ \ 3\,9 \\ \hline 4\,0\,7\,7 \\ 1\,3\,5\,9\,0 \\ \hline 1\,7\,6\,6\,7 \end{array}$$

$\cdots (453 \times 9)$
$\cdots (453 \times 30)$

바로로 확인▶▶

01 다음을 계산하시오.

(1) $\begin{array}{r} 8\,2\,6 \\ \times\ \ 7\,0 \\ \hline \end{array}$ (2) $\begin{array}{r} 4\,3\,2 \\ \times\ \ 5\,7 \\ \hline \end{array}$

기출
02 125×12를 계산하는 과정이다. ㉠과 ㉡에 들어갈 알맞은 수는?

$$\begin{array}{r} 1\,2\,5 \\ \times\ \ 1\,2 \\ \hline 2\,5\,0 \\ 1\,㉠\,5\,0 \\ \hline 1\,㉡\,0\,0 \end{array}$$

	㉠	㉡
①	1	3
②	2	5
③	3	3
④	4	5

01 (1) 57820
　　(2) 24624

02 ②

$$\begin{array}{r} 1\,2\,5 \\ \times\ \ 1\,2 \\ \hline 2\,5\,0 \\ 1\,2\,5\,0 \\ \hline 1\,5\,0\,0 \end{array}$$

$\cdots (125 \times 2)$
$\cdots (125 \times 10)$

03 나눗셈

1 나눗셈의 기초

(1) 곱셈구구로 나눗셈의 몫 구하기

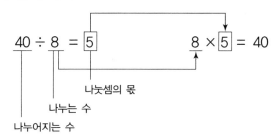

40 ÷ 8의 몫을 구할 때, 8의 단 곱셈구구에서 필요한 것은 8×5 = 40이다.

(2) 나눗셈의 세로 형식

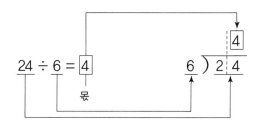

(3) 한 묶음에 들어 있는 수 알아보기

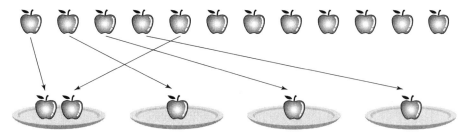

사과를 접시 하나에 1개씩 남은 사과가 없을 때까지 반복하여 담으면, 접시 하나에는 사과가 모두 3개씩 담기게 된다.

$$12 \div 4 = 3$$

접시 하나에 담긴 사과의 수

접시의 수

전체 사과의 수

(4) 곱셈과 나눗셈의 관계

$$8 \times 3 = 24 \bigg\langle \begin{array}{l} 24 \div 8 = 3 \\ 24 \div 3 = 8 \end{array}$$

$$7 \times 9 = 63 \bigg\langle \begin{array}{l} 63 \div 7 = 9 \\ 63 \div 9 = 7 \end{array}$$

바로 확인 ▶▶

[01~02] 나눗셈식으로 나타내어 보시오.

01

30 나누기 6은 5와 같다.

01 $30 \div 6 = 5$

02

54개를 9묶음으로 똑같이 나누면 한 묶음에 6개씩 된다.

02 $54 \div 9 = 6$

03 □ 안에 알맞은 수를 써넣으시오.

(1) $4 \times \square = 12 \leftrightarrow 12 \div 4 = \square$

(2) $\square \times 2 = 18 \leftrightarrow 18 \div 2 = \square$

03 (1) 3, 3
    (2) 9, 9

2 (두 자리 수)÷(한 자리 수)

(1) 내림이 없는 (몇십)÷(몇)

내림이 없는 (몇십)÷(몇)은 (몇)÷(몇)의 나눗셈 뒤에 0을 하나 더 붙여서 계산하는 것과 같다. 나누는 수가 같을 때 나누어지는 수가 10배가 되면 몫도 10배가 된다.

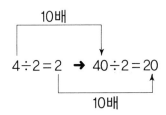

(2) 내림이 있는 (몇십)÷(몇)

$$\begin{array}{r} 2 \\ 2\overline{)50} \\ 40 \cdots (2\times20) \end{array} \quad\rightarrow\quad \begin{array}{r} 25 \\ 2\overline{)50} \\ \underline{4} \\ 10 \\ \underline{10} \cdots (2\times5) \\ 0 \end{array}$$

바름로 확인 ▶▶

01 □ 안에 알맞은 수를 써넣으시오.

(1)
$$\begin{array}{r} ㉠㉡ \\ 2\overline{)70} \\ ㉢ \\ \hline 1\ 0 \\ 1㉣ \\ \hline 0 \end{array}$$

(2)
$$\begin{array}{r} ㉠㉡ \\ 5\overline{)80} \\ ㉢ \\ \hline 3\ 0 \\ 3㉣ \\ \hline 0 \end{array}$$

02 다음을 계산하시오.

(1) 90÷3

(2) 70÷5

01 (1) ㉠ 3, ㉡ 5, ㉢ 6, ㉣ 0
　　(2) ㉠ 1, ㉡ 6, ㉢ 5, ㉣ 0

02 (1) 30
　　(2) 14

(3) 내림이 없고 나머지가 없는 (몇십몇)÷(몇)

$$3\overline{)36} \quad \rightarrow \quad 3\overline{)36}$$
$$\ 30 \cdots (3\times10) \qquad \underline{3}$$
$$ \qquad\qquad\qquad 6$$
$$ \qquad\qquad\quad \underline{6} \cdots (3\times2)$$
$$ \qquad\qquad\qquad 0$$

(4) 내림이 있고 나머지가 없는 (몇십몇)÷(몇)

$$4\overline{)56} \quad \rightarrow \quad 4\overline{)56}$$
$$\ 40 \cdots (4\times10) \qquad \underline{4}$$
$$ \qquad\qquad\qquad 16$$
$$ \qquad\qquad\quad \underline{16} \cdots (4\times4)$$
$$ \qquad\qquad\qquad 0$$

바로로 확인

01 □ 안에 알맞은 수를 써넣으시오.

(1)
$$2\overline{)62}$$
(몫: ㉠㉡)
$$\underline{2}$$
(㉢)
$$0$$
(㉣)

(2)
$$3\overline{)69}$$
(몫: ㉠㉡)
$$\underline{9}$$
(㉢)
$$0$$
(㉣)

(3)
$$6\overline{)72}$$
(몫: ㉠㉡)
(㉢)
$$12$$
$$\underline{1㉣}$$
$$0$$

(4)
$$3\overline{)54}$$
(몫: ㉠㉡)
(㉢)
$$24$$
$$\underline{2㉣}$$
$$0$$

02 다음을 계산하시오.

(1) 28÷2   (2) 93÷3

(3) 84÷3   (4) 95÷5

---

01 (1) ㉠ 3, ㉡ 1, ㉢ 6, ㉣ 2
　　(2) ㉠ 2, ㉡ 3, ㉢ 6, ㉣ 9
　　(3) ㉠ 1, ㉡ 2, ㉢ 6, ㉣ 2
　　(4) ㉠ 1, ㉡ 8, ㉢ 3, ㉣ 4

02 (1) 14   (2) 31
　　(3) 28   (4) 19

(5) 내림이 없고 나머지가 있는 (몇십몇)÷(몇) 중요⁺

① 16을 3으로 나누면 몫은 5이고 1이 남는다. 이때 1을 16÷3의 '나머지'라고 한다.

$$\begin{array}{r} 5 \\ 3\overline{)16} \\ \underline{15} \\ 1 \end{array} \quad \Longrightarrow \quad 16 \div 3 = 5 \cdots 1$$

② 나머지가 없으면 나머지가 '0'이라고 말할 수 있다. 나머지가 0일 때, '나누어떨어진다'고 한다.

(6) 내림이 있고 나머지가 있는 (몇십몇)÷(몇)

$$\begin{array}{r} 1 \\ 4\overline{)53} \\ 40 \cdots (4 \times 10) \end{array} \quad \rightarrow \quad \begin{array}{r} 13 \\ 4\overline{)53} \\ \underline{4} \\ 13 \\ \underline{12} \cdots (4 \times 3) \\ 1 \end{array}$$

바르고 빠르게 확인 ▶▶

01 다음 나눗셈을 보고, □ 안에 알맞은 수를 써넣으시오.

49÷6=8 ⋯ 1

→ 49÷6에서 몫은 □이고, 나머지는 □이다.

기출

02 다음의 나눗셈에서 나머지는?

$$\begin{array}{r} 2 \\ 10\overline{)23} \\ \underline{20} \\ 3 \end{array}$$

① 2
② 3
③ 10
④ 20

03 다음 나눗셈의 몫과 나머지를 구하시오.

(1) $4\overline{)29}$ 　　　　　(2) $7\overline{)59}$

---

01 8, 1

02 ②
　　23을 10으로 나누면 몫은 2 이고 3이 남는다. 이때 3을 '나머지'라고 한다.

03 (1) 몫 : 7, 나머지 : 1
　　(2) 몫 : 8, 나머지 : 3

3 (세 자리 수)÷(한 자리 수)

(1) 나머지가 없는 (세 자리 수)÷(한 자리 수)

백의 자리부터 순서대로 나누며, 백의 자리에서 나눌 수 없으면 십의 자리에서 나눈다.

$$
\begin{array}{r} 1 \\ 3\overline{)405} \\ 3 \\ \hline 1 \end{array}
\quad\Rightarrow\quad
\begin{array}{r} 13 \\ 3\overline{)405} \\ 3 \\ \hline 10 \\ 9 \\ \hline 1 \end{array}
\quad\Rightarrow\quad
\begin{array}{r} 135 \\ 3\overline{)405} \\ 3 \\ \hline 10 \\ 9 \\ \hline 15 \\ 15 \\ \hline 0 \end{array}
\qquad
\begin{array}{r} 6 \\ 4\overline{)252} \\ 24 \\ \hline 1 \end{array}
\quad\Rightarrow\quad
\begin{array}{r} 63 \\ 4\overline{)252} \\ 24 \\ \hline 12 \\ 12 \\ \hline 0 \end{array}
$$

(2) 나머지가 있는 (세 자리 수)÷(한 자리 수)

백의 자리부터 순서대로 나누며, 백의 자리에서 나눌 수 없으면 십의 자리에서 나눈다.

$$
\begin{array}{r} 1 \\ 5\overline{)627} \\ 5 \\ \hline 1 \end{array}
\quad\Rightarrow\quad
\begin{array}{r} 12 \\ 5\overline{)627} \\ 5 \\ \hline 12 \\ 10 \\ \hline 2 \end{array}
\quad\Rightarrow\quad
\begin{array}{r} 125 \\ 5\overline{)627} \\ 5 \\ \hline 12 \\ 10 \\ \hline 27 \\ 25 \\ \hline 2 \end{array}
\qquad
\begin{array}{r} 8 \\ 7\overline{)582} \\ 56 \\ \hline 2 \end{array}
\quad\Rightarrow\quad
\begin{array}{r} 83 \\ 7\overline{)582} \\ 56 \\ \hline 22 \\ 21 \\ \hline 1 \end{array}
$$

바로로 확인 ▶▶

01 □ 안에 알맞은 수를 써넣으시오.

$$45 \div 9 = \boxed{} \;\rightarrow\; 450 \div 9 = \boxed{}$$

02 다음 나눗셈의 몫과 나머지를 구하시오.

(1) $3\overline{)457}$ (2) $3\overline{)197}$

01 5, 50

02 (1) 몫 : 152, 나머지 : 1
(2) 몫 : 65, 나머지 : 2

4 맞게 계산했는지 확인하기

(1) 나머지가 있는 경우

나누는 수와 몫의 곱에 나머지를 더하면 나누어지는 수가 되어야 한다.

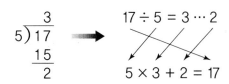

(2) 맞게 계산했는지 확인하는 방법

$$
(나누는\ 수) \times (몫) + (나머지) = (나누어지는\ 수)
$$

바르고 확인

01 □ 안에 알맞은 수를 써넣으시오.

(1) $32 \div 4 = 8 \rightarrow 4 \times \boxed{} = \boxed{}$

(2) $47 \div 7 = 6 \cdots 5 \rightarrow 7 \times \boxed{} + \boxed{} = \boxed{}$

02 다음 나눗셈을 보고, 맞게 계산했는지 확인해 보시오.

```
      1 2
  8 ) 9 7
      8
    ─────
      1 7
      1 6
    ─────
        1   확인 _____
```

01 (1) 8, 32
　　(2) 6, 5, 47

02 $8 \times 12 + 1 = 97$

5 몇십으로 나누기

(1) (세 자리 수)÷(몇십)

① 나누어떨어지는 (세 자리 수)÷(몇십)

$$60\overline{\smash{)}120}$$

$$\begin{array}{r} 2 \\ 60{\overline{\smash{)}120}} \\ \underline{120} \\ 0 \end{array}$$

$$120 \div 60 = 2$$

② 나머지가 있는 (세 자리 수)÷(몇십) **중요⁺**

$$\begin{array}{r} 5 \\ 30{\overline{\smash{)}164}} \\ \underline{150} \\ 14 \end{array}$$

$$164 \div 30 = 5 \cdots 14$$

확인 $30 \times 5 + 14 = 164$

바로로 확인 ▶▶

01 다음을 계산하시오.

(1) $160 \div 20$　　　(2) $360 \div 40$

02 다음 나눗셈을 하고, 맞게 계산했는지 확인해 보시오.

$$30{\overline{\smash{)}418}}$$

$418 \div 30 = \boxed{} \cdots \boxed{}$

확인 $30 \times \boxed{} + \boxed{} = \boxed{}$

기출

03 다음의 나눗셈에서 나머지는?

$$\begin{array}{r} 5 \\ 20{\overline{\smash{)}113}} \\ \underline{100} \\ 13 \end{array}$$

① 5
② 13
③ 20
④ 100

---

01 (1) 8
　　(2) 9

02 13, 28, 13, 28, 418

03 ②
113을 20으로 나누면 몫은 5이고, 13이 남는다. 이때 13을 '나머지'라고 한다.

(2) 몫이 한 자리 수이고 나누어떨어지는 나눗셈

① 나누어떨어지는 (두 자리 수)÷(두 자리 수)

$$
\begin{array}{r}
7 \\
14\,\overline{)\,98} \\
98 \\
\hline
0
\end{array}
$$

$98 \div 14 = 7$

② 나누어떨어지는 (세 자리 수)÷(두 자리 수)

$$
\begin{array}{r}
7 \\
23\,\overline{)\,161} \\
161 \\
\hline
0
\end{array}
$$

$161 \div 23 = 7$

(3) 몫이 한 자리 수이고 나머지가 있는 나눗셈

① 나머지가 있는 (두 자리 수)÷(두 자리 수)

|2| 1 크게 한다. → |3| ← 1 작게 한다. |4|

$$
\begin{array}{r}
2 \\
22\,\overline{)\,81} \\
44 \\
\hline
(37)
\end{array}
\qquad
\begin{array}{r}
3 \\
22\,\overline{)\,81} \\
66 \\
\hline
15
\end{array}
\qquad
\begin{array}{r}
4 \\
22\,\overline{)\,81} \\
88 \\
\hline
\text{뺄 수 없다.}
\end{array}
$$

나머지가 나누는 수보다 크다.

$81 \div 22 = 3 \cdots 15$ 확인 $22 \times 3 + 15 = 81$

② 나머지가 있는 (세 자리 수)÷(두 자리 수)

|3| 1 크게 한다. → |4| ← 1 작게 한다. |5|

$$
\begin{array}{r}
3 \\
35\,\overline{)\,156} \\
105 \\
\hline
(51)
\end{array}
\qquad
\begin{array}{r}
4 \\
35\,\overline{)\,156} \\
140 \\
\hline
16
\end{array}
\qquad
\begin{array}{r}
5 \\
35\,\overline{)\,156} \\
175 \\
\hline
\text{뺄 수 없다.}
\end{array}
$$

나머지가 나누는 수보다 크다.

$156 \div 35 = 4 \cdots 16$ 확인 $35 \times 4 + 16 = 156$

(4) 몫이 두 자리 수이고 나누어떨어지는 나눗셈

몫이 두 자리 수인 (세 자리 수)÷(두 자리 수)는 세 자리 수 중 왼쪽 두 자리 수를 나눈 후 남는 수를 다시 나눈다.

$$
\begin{array}{r}
2 \\
20 \\
16\,)\overline{352} \\
320 \cdots (16 \times 20) \\
\overline{32} \cdots (352-320) \\
32 \cdots (16 \times 2) \\
\overline{0} \cdots (32-32)
\end{array}
\quad \Rightarrow \quad
\begin{array}{r}
22 \cdots (20+2) \\
16\,)\overline{352} \\
32 \\
\overline{32} \\
32 \\
\overline{0}
\end{array}
$$

$$352 \div 16 = 22 \qquad \boxed{\text{확인}}\ 16 \times 22 = 352$$

(5) 몫이 두 자리 수이고 나머지가 있는 나눗셈

몫이 두 자리 수인 (세 자리 수)÷(두 자리 수)는 세 자리 수 중 왼쪽 두 자리 수를 나눈 후 남는 수를 다시 나눈다.

$$
\begin{array}{r}
4 \\
10 \\
14\,)\overline{199} \\
140 \cdots (14 \times 10) \\
\overline{59} \cdots (199-140) \\
56 \cdots (14 \times 4) \\
\overline{3} \cdots (59-56)
\end{array}
\quad \Rightarrow \quad
\begin{array}{r}
14 \cdots (10+4) \\
14\,)\overline{199} \\
140 \\
\overline{59} \\
56 \\
\overline{3}
\end{array}
$$

$$199 \div 14 = 14 \cdots 3 \qquad \boxed{\text{확인}}\ 14 \times 14 + 3 = 199$$

바로로 확인 ▸▸

01 다음 나눗셈에서 몫과 나머지를 구하고, 맞게 계산했는지 확인해 보시오.

(1) $27\,)\overline{162}$ (2) $32\,)\overline{229}$

(3) $15\,)\overline{420}$ (4) $29\,)\overline{495}$

01 (1) 몫 : 6
확인 : $27 \times 6 = 162$
(2) 몫 : 7, 나머지 : 5
확인 : $32 \times 7 + 5 = 229$
(3) 몫 : 28
확인 : $15 \times 28 = 420$
(4) 몫 : 17, 나머지 : 2
확인 : $29 \times 17 + 2 = 495$

04 자연수의 혼합 계산

1 덧셈과 뺄셈이 섞여 있는 식의 계산

(1) 덧셈과 뺄셈이 섞여 있는 식은 앞에서부터 차례로 계산한다.

(2) ( )가 있는 식은 ( ) 안을 먼저 계산하고, 덧셈, 뺄셈을 앞에서부터 차례대로 계산한다.

$$67 - 34 + 25 = 33 + 25$$
$$= 58$$

      ❶ 33
      ❷ 58

$$67 - (34 + 25) = 67 - 59$$
$$= 8$$

      ❶ 59
      ❷ 8

2 곱셈과 나눗셈이 섞여 있는 식의 계산

(1) 곱셈과 나눗셈이 섞여 있는 식은 앞에서부터 차례로 계산한다.

(2) ( )가 있는 식은 ( ) 안을 먼저 계산하고, 곱셈, 나눗셈을 앞에서부터 차례로 계산한다.

$$40 \div 5 \times 4 = 8 \times 4$$
$$= 32$$

      ❶ 8
      ❷ 32

$$40 \div (5 \times 4) = 40 \div 20$$
$$= 2$$

      ❶ 20
      ❷ 2

바로바로 확인 ▸▸

01 □ 안에 알맞은 수를 써넣으시오.

(1) $78 - 43 + 19 = \boxed{} + \boxed{} = \boxed{}$

(2) $49 + (15 - 8) = \boxed{} + \boxed{} = \boxed{}$

02 □ 안에 알맞은 수를 써넣으시오.

(1) $24 \times 3 \div 8 = \boxed{} \div \boxed{} = \boxed{}$

(2) $9 \times (21 \div 3) = \boxed{} \times \boxed{} = \boxed{}$

01 (1) 35, 19, 54
    (2) 49, 7, 56

02 (1) 72, 8, 9
    (2) 9, 7, 63

3 **덧셈, 뺄셈, 곱셈이 섞여 있는 식의 계산** 중요⁺

(1) 덧셈, 뺄셈, 곱셈이 섞여 있는 식은 곱셈을 먼저 계산한다.

(2) ( )가 있는 식은 ( ) 안을 가장 먼저 계산하고, 곱셈을 계산한 후 덧셈, 뺄셈을 앞에서부터 차례로 계산한다.

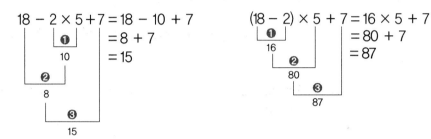

(3) ( )의 위치에 따라 계산 순서가 달라질 수 있으므로 계산 순서에 주의해야 한다.

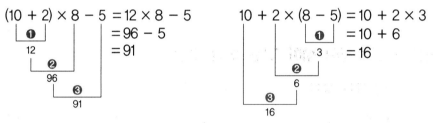

4 **덧셈, 뺄셈, 나눗셈이 섞여 있는 식의 계산** 중요⁺

(1) 덧셈, 뺄셈, 나눗셈이 섞여 있는 식은 나눗셈을 먼저 계산한다.

(2) ( )가 있는 식은 ( ) 안을 가장 먼저 계산하고, 나눗셈을 계산한 후 덧셈, 뺄셈을 앞에서부터 차례로 계산한다.

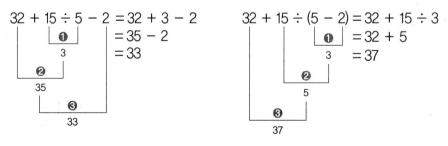

(3) ( )의 위치에 따라 계산 순서가 달라질 수 있으므로 계산 순서에 주의해야 한다.

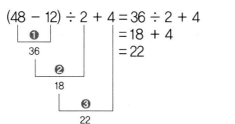

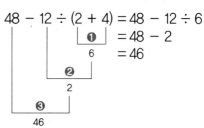

기출

01 식을 바르게 계산한 것은?

$$52+6\times5-28$$

① 52 　　　　　　　② 53

③ 54 　　　　　　　④ 55

02 □ 안에 알맞은 수를 써넣으시오.

(1) $13+48\div6-5=$ □ $+$ □ -5

$=$ □ $-5=$ □

(2) $(21-5)\div2+17=$ □ $\div$ □ $+17$

$=$ □ $+17=$ □

01 ③

덧셈, 뺄셈, 곱셈이 섞여 있는 식은 곱셈을 먼저 계산한다.

$52+6\times5-28$

$=52+30-28$

$=82-28$

$=54$

02 (1) 13, 8, 21, 16

　　(2) 16, 2, 8, 25

5 덧셈, 뺄셈, 곱셈, 나눗셈이 섞여 있는 식의 계산

(1) 덧셈, 뺄셈, 곱셈, 나눗셈이 섞여 있는 식은 곱셈과 나눗셈을 먼저 계산한다.

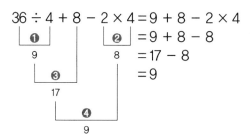

$$36 \div 4 + 8 - 2 \times 4 = 9 + 8 - 2 \times 4$$
$$= 9 + 8 - 8$$
$$= 17 - 8$$
$$= 9$$

(2) ( )가 있는 식은 ( ) 안을 가장 먼저 계산하고, 곱셈과 나눗셈을 계산한 후 덧셈과 뺄셈을 계산한다.

$$36 \div 4 + (8 - 2) \times 4 = 36 \div 4 + 6 \times 4$$
$$= 9 + 6 \times 4$$
$$= 9 + 24$$
$$= 33$$

바로로 확인 ▶▶

기출
01 다음에서 가장 먼저 계산해야 하는 부분은?

$$24 + 12 \div (10 - 6) \times 2$$

① $24 + 12$ 　　　② $12 \div 10$
③ $10 - 6$ 　　　④ 6×2

02 다음을 계산하시오.

(1) $49 \div 7 + 5 \times 6 - 8$
(2) $27 \div 3 + (11 - 2) \times 6$

01 ③
덧셈, 뺄셈, 곱셈, 나눗셈이 섞여 있는 식에서 ( )가 있으면 ( ) 안을 가장 먼저 계산하고, 곱셈과 나눗셈을 계산한 후 덧셈과 뺄셈을 계산한다.

02 (1) 29
(2) 63

01 다음을 계산하면?

$$275 + 314$$

① 561　　　　　② 569
③ 581　　　　　④ 589

02 다음 중 계산 결과가 가장 큰 것은?

① $125 + 451$　　　　② $332 + 246$
③ $159 + 438$　　　　④ $352 + 239$

03 다음 중 계산 결과가 다른 하나는?

① $124 + 421$　　　　② $156 + 411$
③ $247 + 298$　　　　④ $272 + 273$

04 제주도로 가는 비행기에 어른이 273명, 어린이가 115명 타고 있다. 이 비행기에는 모두 몇 명이 타고 있는가?

① 358명　　　　　② 368명
③ 382명　　　　　④ 388명

05 수아는 258m를 달렸고, 영미는 314m를 달렸다. 두 사람이 달린 거리는 모두 몇 m인가?

① 542m ② 544m

③ 572m ④ 574m

06 다음 중 계산 결과가 가장 작은 것은?

① $134 + 215$ ② $161 + 208$

③ $649 - 311$ ④ $658 - 312$

07 465보다 238이 작은 수는?

① 227 ② 233

③ 293 ④ 297

08 지수네 밭에는 배추가 438포기 있었다. 어제 127포기를 뽑았다면, 밭에 남아 있는 배추는 몇 포기인가?

① 311포기 ② 319포기

③ 351포기 ④ 355포기

09 학생이 865명 있다. 그 중 546명은 버스를 타고, 나머지는 기차를 타고 여행을 가려고 한다면, 기차를 타고 갈 학생은 몇 명인가?

① 319명 ② 321명

③ 329명 ④ 409명

10 다음 중 계산 결과가 <u>다른</u> 하나는?

① 11×6 ② 23×3

③ 22×3 ④ 33×2

10
계산 결과 ①, ③, ④는 모두 66이고, ②는 69이다.

11 ㉠과 ㉡의 차를 구하면?

| ㉠ 30×60 | ㉡ 20×80 |

① 100   ② 200

③ 300   ④ 400

11
㉠ $30 \times 60 = 1800$, ㉡ $20 \times 80 = 1600$ 이므로 ㉠과 ㉡의 차는 $1800 - 1600 = 200$이다.

12 계산 결과가 큰 것부터 차례대로 나열한 것은?

| ㉠ 28×16 | ㉡ 212×3 | ㉢ 15×30 |

① ㉠-㉡-㉢   ② ㉠-㉢-㉡

③ ㉡-㉠-㉢   ④ ㉡-㉢-㉠

12
㉡ 636 - ㉢ 450 - ㉠ 448

13 다음 중 계산이 <u>틀린</u> 것은?

① $22 \times 10 = 220$ ② $27 \times 20 = 540$

③ $35 \times 40 = 140$ ④ $42 \times 50 = 2100$

13
$35 \times 40 = 1400$

ANSWER
10. ②   **11.** ②   **12.** ④   **13.** ③

14 상희네 학교에는 23개의 반이 있다. 한 반에 학생이 26명씩이라면 상희네 학교의 전체 학생 수는?

① 504명   ② 572명

③ 598명   ④ 616명

14
$23 \times 26 = 598$(명)

15 □ 안에 알맞은 수는?

$$400 \times 20 = \boxed{}$$

① 4000   ② 6000

③ 8000   ④ 10000

15
400×20
$= 400 \times 2 \times 10$
$= 800 \times 10 = 8000$

16 다음 두 수의 곱은 얼마인가?

$$\begin{array}{r} 3\ 1\ 6 \\ \times\ \ 2\ 4 \end{array}$$

① 340   ② 1264

③ 1896   ④ 7584

16
$$\begin{array}{r} 3\ 1\ 6 \\ \times\quad 2\ 4 \\ \hline 1\ 2\ 6\ 4 \\ 6\ 3\ 2\ 0 \\ \hline 7\ 5\ 8\ 4 \end{array}$$
$\cdots (316 \times 4)$
$\cdots (316 \times 20)$

17 한 시간에 120km를 달리는 기차가 있다. 이 기차가 쉬지 않고 13시간 동안 달린다면 달린 거리는 모두 몇 km인가?

① 1320km   ② 1440km

③ 1560km   ④ 1680km

17
$120 \times 13 = 1560$(km)

ANSWER
14. ③   **15.** ③   **16.** ④   **17.** ③

18 48÷8의 몫을 구하려고 한다. 필요한 곱셈식은 어느 것인가?

① $4 \times 2 = 8$　　　　② $4 \times 3 = 12$

③ $8 \times 4 = 32$　　　　④ $8 \times 6 = 48$

18
48÷8은 나누는 수가 80이므로 곱이 480이 되는 곱셈식을 찾으면 $8 \times 6 = 480$이다.

19 공책이 36권 있다. 한 사람에게 4권씩 나누어 준다면, 몇 명에게 나누어 줄 수 있는가?

① 4명　　　　② 6명

③ 9명　　　　④ 12명

19
$36 \div 4 = 9$(명)

20 다음 중 계산이 <u>틀린</u> 것은?

① $28 \div 2 = 14$　　　　② $46 \div 2 = 32$

③ $62 \div 2 = 31$　　　　④ $86 \div 2 = 43$

20
② $46 \div 2 = 23$

21 다음의 나눗셈에서 나머지는?

$$
\begin{array}{r}
3 \\
8\overline{)26} \\
24 \\
\hline
2
\end{array}
$$

① 2

② 3

③ 24

④ 26

21
26을 8로 나누면 몫은 3이고 2가 남는다. 이때 2를 '나머지'라고 한다.

ANSWER
18. ④　19. ③　20. ②　21. ①

22 다음 중 몫이 두 자리 수인 것은?

① $347 \div 43$　　② $484 \div 52$

③ $548 \div 65$　　④ $604 \div 48$

23 식을 바르게 계산한 것은?

$$72 - 8 \times 4 + 24$$

① 62　　② 63

③ 64　　④ 65

24 다음에서 가장 먼저 계산해야 하는 부분은?

$$70 - 2 \times (5 + 9) \div 7$$

① $70 - 2$　　② 2×5

③ $5 + 9$　　④ $9 \div 7$

25 500원짜리 껌과 700원짜리 사탕을 각각 5개씩 샀을 때, 내야 할 돈을 바르게 나타낸 식은?

① $500 \times 5 + 7000$　　② $500 + 7000 \times 5$

③ $(500 + 700) \times 5$　　④ $(500 + 700) \div 5$

22

몫이 두 자리 수가 되려면 나누어지는 수가 '(나누는 수)×10'보다 크거나 같아야 한다.
④ $48 \times 10 = 480$ → $480 < 604$
① $43 \times 10 = 430$ → $430 > 347$
② $52 \times 10 = 520$ → $520 > 484$
③ $65 \times 10 = 650$ → $650 > 548$

23

덧셈, 뺄셈, 곱셈이 섞여 있는 식은 곱셈을 먼저 계산한다.
$72 - 8 \times 4 + 24$
$= 72 - 32 + 24$
$= 40 + 24$
$= 64$

24

덧셈, 뺄셈, 곱셈, 나눗셈이 섞여 있는 식에서 ( )가 있으면 ( ) 안을 가장 먼저 계산하고, 곱셈과 나눗셈을 계산한 후 덧셈과 뺄셈을 계산한다.

25

500원짜리 껌을 5개 샀을 때의 값은 500×5, 700원짜리 사탕을 5개 샀을 때의 값은 700×5이므로 내야 할 돈을 바르게 나타낸 식은 $500 \times 5 + 700 \times 5 = (500 + 700) \times 5$이다.

ANSWER

22. ④　**23.** ③　**24.** ③　**25.** ③

구구단

2단
$2 \times 1 = 2$
$2 \times 2 = 4$
$2 \times 3 = 6$
$2 \times 4 = 8$
$2 \times 5 = 10$
$2 \times 6 = 12$
$2 \times 7 = 14$
$2 \times 8 = 16$
$2 \times 9 = 18$

3단
$3 \times 1 = 3$
$3 \times 2 = 6$
$3 \times 3 = 9$
$3 \times 4 = 12$
$3 \times 5 = 15$
$3 \times 6 = 18$
$3 \times 7 = 21$
$3 \times 8 = 24$
$3 \times 9 = 27$

4단
$4 \times 1 = 4$
$4 \times 2 = 8$
$4 \times 3 = 12$
$4 \times 4 = 16$
$4 \times 5 = 20$
$4 \times 6 = 24$
$4 \times 7 = 28$
$4 \times 8 = 32$
$4 \times 9 = 36$

5단
$5 \times 1 = 5$
$5 \times 2 = 10$
$5 \times 3 = 15$
$5 \times 4 = 20$
$5 \times 5 = 25$
$5 \times 6 = 30$
$5 \times 7 = 35$
$5 \times 8 = 40$
$5 \times 9 = 45$

6단
$6 \times 1 = 6$
$6 \times 2 = 12$
$6 \times 3 = 18$
$6 \times 4 = 24$
$6 \times 5 = 30$
$6 \times 6 = 36$
$6 \times 7 = 42$
$6 \times 8 = 48$
$6 \times 9 = 54$

7단
$7 \times 1 = 7$
$7 \times 2 = 14$
$7 \times 3 = 21$
$7 \times 4 = 28$
$7 \times 5 = 35$
$7 \times 6 = 42$
$7 \times 7 = 49$
$7 \times 8 = 56$
$7 \times 9 = 63$

8단
$8 \times 1 = 8$
$8 \times 2 = 16$
$8 \times 3 = 24$
$8 \times 4 = 32$
$8 \times 5 = 40$
$8 \times 6 = 48$
$8 \times 7 = 56$
$8 \times 8 = 64$
$8 \times 9 = 72$

9단
$9 \times 1 = 9$
$9 \times 2 = 18$
$9 \times 3 = 27$
$9 \times 4 = 36$
$9 \times 5 = 45$
$9 \times 6 = 54$
$9 \times 7 = 63$
$9 \times 8 = 72$
$9 \times 9 = 81$

NOTE

Chapter

03

약수와 배수

Chapter

03 약수와 배수

 약수와 배수의 기본 개념에 대한 학습과 함께 공약수와 최대공약수, 공배수와 최소공배수에 대한 학습이 필요합니다.

01 약수와 배수

1 약수와 배수 중요⁺

(1) 약수

① 어떤 수를 나누어떨어지게 하는 수를 그 수의 약수라고 한다.

② 나눗셈식을 이용하여 12의 약수 구하기

$$6 \div 1 = 6 \qquad 6 \div 2 = 3 \qquad 6 \div 3 = 2 \qquad 6 \div 6 = 1$$

6을 나누어떨어지게 하는 수는 1, 2, 3, 6이므로 1, 2, 3, 6은 6의 약수이다.

(2) 배수

① 어떤 수를 1배, 2배, 3배 …… 한 수를 그 수의 배수라고 한다.

② 3의 배수 구하기

3을 1배 한 수 → $3 \times 1 = 3$
3을 2배 한 수 → $3 \times 2 = 6$ → 3의 배수 : 3, 6, 9, …
3을 3배 한 수 → $3 \times 3 = 9$
⋮   ⋮

2 약수와 배수의 관계

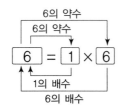

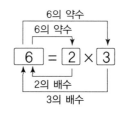

6은 1, 2, 3, 6의 배수이고, 1, 2, 3, 6은 6의 약수이다.

바로로 확인 ▶▶

01 9의 약수가 <u>아닌</u> 것은?

① 1　　　　　　　　② 3

③ 6　　　　　　　　④ 9

01 ③

9의 약수는 1, 3, 9이다.

기출

02 다음 중 2를 약수로 가지고 있지 <u>않은</u> 수는?

① 2　　　　　　　　② 4

③ 5　　　　　　　　④ 6

02 ③

① 2의 약수 : 1, 2

② 4의 약수 : 1, 2, 4

③ 5의 약수 : 1, 5

④ 6의 약수 : 1, 2, 3, 6

03 12의 배수를 모두 찾아 쓰시오.

12, 32, 48, 56, 72, 80

03 12, 48, 72

기출

04 다음 중 4의 배수의 개수는?

2, 4, 5, 7, 8, 10, 12, 14, 24

① 3개　　　　　　　② 4개

③ 5개　　　　　　　④ 6개

04 ②

4의 배수는 4, 8, 12, 16, 20, 24, 28 … 이다. 따라서 4의 배수는 4, 8, 12, 24로 총 4개이다.

05 다음 곱셈식을 보고, □ 안에 알맞은 말을 써넣으시오.

30＝5×6 → 30은 5와 6의 □이고, 5와 6은 30의 □이다.

05 배수, 약수

02 최대공약수와 최소공배수

1 공약수와 최대공약수

(1) 공약수 : 두 수의 공통된 약수를 두 수의 공약수라고 한다.

12의 약수 : 1, 2, 3, 4, 6, 12
18의 약수 : 1, 2, 3, 6, 9, 18 ⟶ 12과 18의 공약수 : 1, 2, 3, 6

(2) 최대공약수 : 공약수 중에서 가장 큰 수를 두 수의 최대공약수라고 한다.

① 두 수의 공약수 중에서 가장 큰 수를 찾아 구한다.

12와 18의 공약수 : 1, 2, 3, 6 ⟶ 12와 18의 최대공약수 : 6

② 두 수를 여러 수의 곱으로 나타내어 구한다.

12 = 2×②×③   18 = ②×③×3 ⟶ 12와 18의 최대공약수 : 2×3 = 6

③ 두 수를 1이 아닌 두 수의 공약수로 나누어 구한다.

```
2 ) 12 18
3 )  6  9   ⟶ 12와 18의 최대공약수 : 2×3 = 6
      2  3
```

(3) 공약수와 최대공약수의 관계

두 수의 공약수는 두 수의 최대공약수의 약수와 같다.

8과 12의 공약수 : 1, 2, 4
8과 12의 최대공약수 : 4
8과 12의 최대공약수인 4의 약수 : 1, 2, 4

8과 12의 공약수는 8과 12의 최대공약수의 약수와 같다.

바로로 확인

기출
01 16과 24의 최대공약수는?

16의 약수	1, 2, 4, 8, 16
24의 약수	1, 2, 3, 4, 6, 8, 12, 24

① 8   ② 16   ③ 24   ④ 48

01 ①

2 공배수와 최대공배수

(1) **공배수** : 두 수의 공통된 배수를 두 수의 공배수라 한다.

6의 배수 : 6, 12, 18, 24, 30, 36, …
12의 배수 : 12, 24, 36, 48, 60, 72, … ⟧ → 6과 12의 공배수 : 12, 24, 36 …

(2) **최소공배수** : 공배수 중에서 가장 작은 수를 두 수의 최소공배수라고 한다.

① 두 수의 공배수 중에서 가장 작은 수를 찾아 구한다.

6과 12의 공배수 : 12, 24, 36, … → 6과 12의 최소공배수 : 12

② 두 수를 여러 수의 곱으로 나타내어 구한다.

6 = 2×3   12 = 2×2×3 → 6과 12의 최소공배수 : 2×3 ×2 = 12

③ 두 수를 1이 아닌 두 수의 공약수로 나누어 구한다.

```
2 ) 6 12
3 ) 3  6   → 6과 12의 최소공배수 : 2×3×1×2 = 12
      1  2
```

(3) **공배수와 최소공배수의 관계**

두 수의 공배수는 두 수의 최소공배수의 배수와 같다.

10과 15의 공배수 : 30, 60, …
10과 15의 최소공배수인 30의 배수 : 30, 60, … ⟧ 10과 15의 공배수는 10과 15의 최소공배수의 배수와 같다.

바름으로 확인 ▶▶

기출
01 2와 3의 최소공배수는?

2의 배수	2	4	6	8	10	…
3의 배수	3	6	9	12	15	…

① 2   ② 3
③ 6   ④ 8

01 ③

01 20의 약수가 <u>아닌</u> 것은?

① 1   ② 4

③ 12   ④ 20

01

20의 약수는 1, 2, 4, 5, 10, 20이다.

02 약수의 수가 가장 많은 것은?

① 16   ② 18

③ 25   ④ 30

02

② 18의 약수 : 1, 2, 3, 6, 9, 18 → 6개
① 16의 약수 : 1, 2, 4, 8, 16 → 5개
③ 25의 약수 : 1, 5, 25 → 3개
④ 27의 약수 : 1, 3, 9, 27 → 4개

03 다음 중 7의 배수의 개수는?

> 7, 14, 17, 21, 27, 35, 43

① 3개   ② 4개

③ 5개   ④ 6개

03

7의 배수는 7, 14, 21, 28, 35, 42, 49 … 이다. 따라서 7의 배수는 7, 14, 21, 35로 총 4개이다.

04 50보다 작은 6의 배수는 몇 개인가?

① 7개   ② 8개

③ 9개   ④ 10개

04

50보다 작은 6의 배수는 6, 12, 18, 24, 30, 36, 42, 48로 8개이다.

ANSWER

01. ③ **02.** ② **03.** ② **04.** ②

05 다음 중 두 수가 서로 약수와 배수의 관계인 것은?

① (6, 30) ② (7, 24)
③ (14, 32) ④ (15, 48)

06 두 수 8과 20의 최대공약수는 얼마인가?

> • 8의 약수 : 1, 2, 4, 8
> • 20의 약수 : 1, 2, 4, 5, 10, 20

① 2 ② 4
③ 8 ④ 20

07 다음에서 18과 24의 최대공약수는?

$$
\begin{array}{r}
2\,)\,\overline{18\ 24} \\
3\,)\,\overline{9\ \ 12} \\
\overline{3\ \ 4}
\end{array}
$$

① 2 ② 3
③ 5 ④ 6

08 다음 식을 보고 12와 30의 최소공배수를 구하면?

$$12 = 2 \times 2 \times 3, \ 30 = 2 \times 3 \times 5$$

① 2 ② 30
③ 60 ④ 360

05
6은 30의 약수이고, 30은 6의 배수이다.

06
최대공약수는 두 수의 공약수 중에서 가장 큰 수이므로 4이다.

07
18과 24의 최대공약수는 2×3 = 6이다.

08
12와 30의 최소공배수는 2×3×2×5 = 60이다.

ANSWER
05. ① **06.** ② **07.** ④ **08.** ③

09 다음 식에 대한 설명으로 옳은 것은?

$$6 \times 14 = 84$$

① 6은 84의 약수이다.

② 6과 14는 84의 공배수이다.

③ 84는 6과 14의 최소공배수이다.

④ 84는 6과 14의 최대공약수이다.

10 ☐표 한 수들의 공통적인 특징으로 옳은 것은?

1	2	3	4	5	6	7	8	9	10
11	12	13	14	15	16	17	18	19	20

① 모두 20의 약수이다.

② 모두 20의 배수이다.

③ 모두 10과 20의 공약수이다.

④ 모두 2과 4의 공배수이다.

09

② 6과 14는 84의 약수이다.

③ 6과 14의 최소공배수는 420이다.

④ 6과 14의 최대공약수는 2이다.

10

1, 2, 4, 5, 10, 20은 모두 20의 약수이다.

Chapter 04

분수와 소수

04 분수와 소수

학습 point⁺

분수의 정의, 분수를 계산하는 데 필요한 기본 개념인 약분과 통분, 분수의 종류(진분수, 가분수, 대분수)의 개념, 분수의 크기 비교, 분수의 덧셈, 뺄셈, 곱셈, 나눗셈의 계산 방법과 소수의 정의, 소수의 덧셈, 뺄셈, 곱셈, 나눗셈의 계산 방법에 대한 학습이 필요하며, 분수를 소수로 나타내는 방법에 대해 알아야 합니다.

 분수

 분수의 기초

(1) 분수의 정의

① 다음 색칠한 부분은 전체를 똑같이 2로 나눈 것 중의 1이다.

→ $\dfrac{1}{2}$이라 쓰고, '이분의 일'이라고 읽는다.

② 다음 색칠한 부분은 전체를 똑같이 4로 나눈 것 중의 3이다.

→ $\dfrac{3}{4}$이라 쓰고, '사분의 삼'이라고 읽는다.

③ $\dfrac{1}{2}$, $\dfrac{3}{4}$ 같은 수를 '분수'라고 하고, 가로선의 아래쪽에 있는 수를 '분모', 가로선의 위쪽에 있는 수를 '분자'라고 한다.

$$가로 \ 선 \rightarrow \frac{분자}{분모}$$

(2) 분수로 나타내기 [중요⁺]

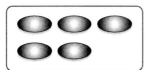
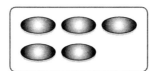
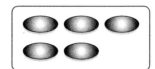

① 바둑돌 15개를 똑같이 3묶음으로 묶으면 한 묶음은 5개이다.

② 5개는 전체 15개를 3묶음으로 나눈 것 중 한 묶음이므로 5는 15의 $\frac{1}{3}$이다.

③ 같은 방법으로 10개를 분수로 나타내면 10개는 전체 15개를 3묶음으로 나눈 것 중 2묶음이므로 10은 15의 $\frac{2}{3}$이다.

바름로 확인 ▶▶

01 다음 그림을 보고, □ 안에 알맞은 수를 써넣으시오.

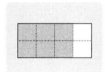

색칠한 부분은 전체를 똑같이 □로 나눈 것 중 □이므로 이것은 □이라 쓴다.

01 8, 6, $\frac{6}{8}$

기출

02 그림과 같이 원을 똑같이 8등분하였을 때, 색칠한 부분을 분수로 나타내면?

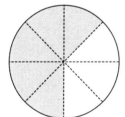

① $\frac{1}{8}$ ② $\frac{3}{8}$

③ $\frac{5}{8}$ ④ $\frac{7}{8}$

02 ③

03 다음 그림을 보고, □ 안에 알맞은 수를 써넣으시오.

(1) 햄버거 12개를 3묶음으로 묶으면 한 묶음은 □개이다.

(2) 12의 $\frac{1}{3}$은 □이다.

03 (1) 4
    (2) 4

2 약분과 통분 중요⁺

(1) 크기가 같은 분수 만들기

① 분모와 분자에 각각 0이 아닌 같은 수를 곱하면 크기가 같은 분수가 된다.

$$\frac{1}{3} \overset{\times 2}{=} \frac{2}{6} \overset{\times 3}{=} \frac{3}{9} \overset{\times 4}{=} \frac{4}{12}$$

② 분모와 분자를 각각 0이 아닌 같은 수로 나누면 크기가 같은 분수가 된다.

$$\frac{8}{32} \overset{\div 2}{=} \frac{4}{16} \overset{\div 4}{=} \frac{2}{8} \overset{\div 8}{=} \frac{1}{4}$$

(2) 약분

① 분모와 분자를 공약수로 나누어 간단한 분수로 만드는 것을 '약분한다'고 한다.

② 약분하는 방법

㉠ 16과 28의 공약수를 구한다. ➔ 공약수 : 1, 2, 4

㉡ 공약수 중 1을 제외한 2, 4로 분모와 분자를 각각 나눈다.

$$\frac{16 \div 2}{28 \div 2} = \frac{8}{14}, \quad \frac{16 \div 4}{28 \div 4} = \frac{4}{7}$$

(3) 기약분수

① 분모와 분자의 공약수가 1뿐인 분수를 '기약분수'라고 한다.

② 기약분수로 나타내는 방법

㉠ 36과 60의 최대공약수를 구한다.

$$
\begin{array}{r}
2\,)\,\underline{36\ \ 60} \\
2\,)\,\underline{18\ \ 30} \\
3\,)\,\underline{9\ \ 15} \\
3\ \ \ 5
\end{array}
$$
➔ 최대공약수 : 2 × 2 × 3 = 12

ⓒ 분모와 분자를 최대공약수인 12로 나눈다.

$$\frac{36}{60} = \frac{36 \div 12}{60 \div 12} = \frac{3}{5}$$

(4) 통분

① 분수의 분모를 같게 하는 것을 '통분한다'고 하며, 통분한 분모를 '공통분모'라고 한다.

② 통분하는 방법

방법 1 분모의 곱을 공통분모로 하여 통분한다.

$$\left(\frac{3}{4}, \frac{5}{6}\right) \rightarrow \left(\frac{3 \times 6}{4 \times 6}, \frac{5 \times 4}{6 \times 4}\right) \rightarrow \left(\frac{18}{24}, \frac{20}{24}\right)$$

└ 분모의 곱 : $4 \times 6 = 24$

방법 2 분모의 최소공배수를 공통분모로 하여 통분한다.

$$\left(\frac{3}{4}, \frac{5}{6}\right) \rightarrow \left(\frac{3 \times 3}{4 \times 3}, \frac{5 \times 2}{6 \times 2}\right) \rightarrow \left(\frac{9}{12}, \frac{10}{12}\right)$$

└ 4와 6의 최소공배수 : 12

 바로로 확인

기출
01 $\frac{2}{3}$와 크기가 다른 것은?

① $\frac{4}{6}$ ② $\frac{6}{9}$ ③ $\frac{8}{12}$ ④ $\frac{10}{14}$

기출
02 다음 두 분수를 통분하려고 한다. 공통분모로 알맞은 수는?

$\frac{2}{3}, \frac{3}{4}$

① 9 ② 10
③ 11 ④ 12

01 ④

$\frac{2 \times 5}{3 \times 5} = \frac{10}{15}$일 때 $\frac{2}{3}$와 같은 크기가 된다.

02 ④

$\frac{2}{3}, \frac{3}{4}$을 통분하려면 분모인 3과 4의 최소공배수를 공통분모로 하여 통분해야 하므로 공통분모는 12이다.

3 여러 가지 분수

(1) 진분수, 가분수, 대분수 알아보기 중요⁺

① 진분수 : 분자가 분모보다 작은 분수 예 $\frac{1}{4}$, $\frac{2}{4}$, $\frac{3}{4}$

② 가분수 : 분자가 분모와 같거나 분모보다 큰 분수 예 $\frac{4}{4}$, $\frac{5}{4}$, $\frac{6}{4}$

→ $\frac{4}{4}$는 1과 같다. 1, 2, 3과 같은 수를 자연수라고 한다.

③ 대분수 : 자연수와 진분수로 이루어진 분수

→ 1과 $\frac{1}{4}$은 $1\frac{1}{4}$이라 쓰고, '일과 사분의 일'이라고 읽는다.

(2) 대분수를 가분수로, 가분수를 대분수로 나타내기

① 대분수를 가분수로 나타내기

$1\frac{1}{4}$에서 자연수 1을 가분수 $\frac{4}{4}$로 나타내면 $1\frac{1}{4}$은 $\frac{1}{4}$이 5개이므로 $\frac{5}{4}$이다.

→ $1\frac{1}{4} = \frac{5}{4}$

② 가분수를 대분수로 나타내기

$\frac{5}{4}$에서 $\frac{4}{4}$는 자연수 1로 나타내고, 나머지 $\frac{1}{4}$은 진분수로 나타내면 $1\frac{1}{4}$이다.

→ $\frac{5}{4} = 1\frac{1}{4}$

바르로 확인

01 대분수를 가분수로, 가분수를 대분수로 나타내시오.

(1) $2\frac{3}{5}$　　　　　(2) $\frac{17}{6}$

| **01** (1) $\frac{13}{5}$ | (2) $2\frac{5}{6}$ |

4 분수의 크기 비교

(1) 분모가 같은 분수의 크기 비교

① 분모가 같은 진분수의 크기 비교

분모가 같은 분수는 분자가 클수록 더 크다.

$$\frac{2}{7} \text{는 } \frac{1}{7} \text{이 2개, } \frac{5}{7} \text{는 } \frac{1}{7} \text{이 5개} \rightarrow 2<5 \text{이므로 } \frac{2}{7} < \frac{5}{7}$$

② 분모가 같은 가분수의 크기 비교

분모가 같은 분수는 분자가 클수록 더 크다.

$$\frac{7}{3} \text{은 } \frac{1}{3} \text{이 7개, } \frac{5}{3} \text{는 } \frac{1}{3} \text{이 5개} \rightarrow 7>5 \text{이므로 } \frac{7}{3} > \frac{5}{3}$$

③ 분모가 같은 대분수의 크기 비교

자연수의 크기가 큰 대분수가 더 크고, 자연수의 크기가 같으면 분자의 크기가 큰 대분수가 더 크다.

$$2\frac{2}{3} \text{와 } 3\frac{1}{3} \text{의 크기 비교} \rightarrow \text{자연수의 크기는 } 2<3 \text{이므로 } 2\frac{2}{3} < 3\frac{1}{3}$$

④ 분모가 같은 가분수와 대분수의 크기 비교

가분수를 대분수로 나타내거나 대분수를 가분수로 나타내어 크기를 비교한다.

$$\frac{11}{7} \text{과 } 1\frac{5}{7} \text{의 크기 비교} \rightarrow 1\frac{4}{7} < 1\frac{5}{7}, \quad \frac{11}{7} < \frac{12}{7}$$

(2) 단위분수의 크기 비교 중요⁺

① 분수 중에서 $\frac{1}{2}$, $\frac{1}{3}$, $\frac{1}{4}$ ……과 같이 분자가 1인 분수를 '단위분수'라고 한다.

② 단위분수는 분모가 클수록 똑같이 나눈 것 중의 하나의 크기가 더 작아지므로 분모가 작을수록 더 크다.

$$\frac{1}{2} \text{과 } \frac{1}{3} \text{의 크기 비교} \rightarrow 2<3 \text{이므로 } \frac{1}{2} > \frac{1}{3}$$

바른로 확인 ▶▶

01 다음 수직선을 보고, 분수의 크기를 비교하여 >, <로 나타내시오.

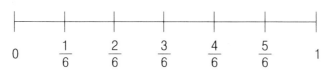

(1) $\dfrac{1}{6}$ ◯ $\dfrac{3}{6}$ (2) $\dfrac{5}{6}$ ◯ $\dfrac{4}{6}$

기출

02 다음 분수 중에서 가장 큰 것은?

① $\dfrac{1}{2}$ ② $\dfrac{1}{3}$

③ $\dfrac{1}{4}$ ④ $\dfrac{1}{5}$

기출

03 다음 중 1과 크기가 같은 분수는 어느 것인가?

① $\dfrac{4}{4}$ ② $\dfrac{2}{3}$

③ $\dfrac{3}{8}$ ④ $\dfrac{8}{9}$

04 다음 그림을 보고, 두 분수의 크기를 비교하여 >, <로 나타내시오.

$1\dfrac{3}{4}$ ◯ $2\dfrac{1}{4}$

---

01 (1) <
      (2) >

02 ①
① $\dfrac{1}{2}$ > ② $\dfrac{1}{3}$ > ③ $\dfrac{1}{4}$ > ④ $\dfrac{1}{5}$

03 ①
②, ③, ④는 1보다 작다.

04 <

(3) 분모가 다른 분수의 크기 비교 중요⁺

① 분모가 다른 두 분수의 크기 비교

분수를 통분한 다음 분자의 크기를 비교한다.

$$\frac{3}{5}=\frac{3\times7}{5\times7}=\frac{21}{35}, \ \frac{5}{7}=\frac{5\times5}{7\times5}=\frac{25}{35} \ \rightarrow \ \frac{21}{35}<\frac{25}{35} \text{이므로} \ \frac{3}{5}<\frac{5}{7}$$

② 분모가 다른 세 분수의 크기 비교

두 분수씩 차례로 통분하여 크기를 비교한다.

$\dfrac{1}{3}, \ \dfrac{7}{15}, \ \dfrac{2}{5}$의 크기 비교

$$\left(\frac{1}{3}, \ \frac{7}{15}\right) \rightarrow \left(\frac{5}{15}, \ \frac{7}{15}\right) \rightarrow \frac{1}{3}<\frac{7}{15}$$
$$\left(\frac{7}{15}, \ \frac{2}{5}\right) \rightarrow \left(\frac{7}{15}, \ \frac{6}{15}\right) \rightarrow \frac{7}{15}>\frac{2}{5}$$
$$\left(\frac{1}{3}, \ \frac{2}{5}\right) \rightarrow \left(\frac{5}{15}, \ \frac{6}{15}\right) \rightarrow \frac{1}{3}<\frac{2}{5}$$

$\rightarrow \ \dfrac{1}{3}<\dfrac{2}{5}<\dfrac{7}{15}$

바로로 확인 ▸▸

기출

01 다음 중 가장 큰 분수는?

① $\dfrac{1}{4}$ ② $\dfrac{3}{4}$

③ $\dfrac{3}{8}$ ④ $\dfrac{7}{8}$

01 ④

① $\dfrac{1}{4}=\dfrac{1\times2}{4\times2}=\dfrac{2}{8}$

② $\dfrac{3}{4}=\dfrac{3\times2}{4\times2}=\dfrac{6}{8}$

기출

02 모양과 크기가 같은 세 물통에 물이 각각 $\dfrac{1}{2}$, $\dfrac{2}{3}$, $\dfrac{1}{6}$만큼 들어 있다. 물의 양이 적은 순서부터 바르게 나열한 것은?

① $\dfrac{1}{2}, \ \dfrac{2}{3}, \ \dfrac{1}{6}$ ② $\dfrac{1}{2}, \ \dfrac{1}{6}, \ \dfrac{2}{3}$

③ $\dfrac{2}{3}, \ \dfrac{1}{6}, \ \dfrac{1}{2}$ ④ $\dfrac{1}{6}, \ \dfrac{1}{2}, \ \dfrac{2}{3}$

02 ④

분수를 통분하면

$\dfrac{1}{2}=\dfrac{3}{6}, \ \dfrac{2}{3}=\dfrac{4}{6}, \ \dfrac{1}{6}$이 된다.

5 분수의 덧셈

(1) 분모가 같은 (진분수) + (진분수)

방법1 분모는 그대로 두고, 분자끼리 더한다.

$$\frac{2}{4} + \frac{1}{4} = \frac{3}{4}$$

방법2 계산 결과가 가분수이면 대분수로 바꾸어 나타낸다.

$$\frac{4}{5} + \frac{3}{5} = \frac{4+3}{5} = \frac{7}{5} = 1\frac{2}{5}$$

(2) 분모가 같은 (대분수) + (대분수)

방법1 자연수 부분끼리 더하고, 진분수 부분끼리 더한다.

$$1\frac{1}{3} + 2\frac{1}{3} = 3\frac{2}{3}$$

방법2 대분수를 모두 가분수로 바꾸어 분자끼리 더한다.

$$1\frac{1}{3} + 2\frac{1}{3} = \frac{4}{3} + \frac{7}{3} = \frac{11}{3} = 3\frac{2}{3}$$

(3) 받아올림이 없는 (진분수) + (진분수) 중요*

방법1 분모의 곱을 공통분모로 하여 통분한다.

$$\frac{2}{3} + \frac{1}{6} = \frac{2\times6}{3\times6} + \frac{1\times3}{6\times3} = \frac{12}{18} + \frac{3}{18} = \frac{15}{18} = \frac{5}{6}$$

방법2 분모의 최소공배수를 공통분모로 하여 통분한다.

$$\frac{2}{3} + \frac{1}{6} = \frac{2\times2}{3\times2} + \frac{1\times1}{6\times1} = \frac{4}{6} + \frac{1}{6} = \frac{5}{6}$$

└─── 3과 6의 최소공배수 : 6

(4) 받아올림이 있는 (진분수) + (진분수)

방법1 분모의 곱을 공통분모로 하여 통분한다.

$$\frac{1}{3} + \frac{7}{9} = \frac{1 \times 9}{3 \times 9} + \frac{7 \times 3}{9 \times 3} = \frac{9}{27} + \frac{21}{27} = \frac{30}{27} = 1\frac{3}{27} = 1\frac{1}{9}$$

방법2 분모의 최소공배수를 공통분모로 하여 통분한다.

$$\frac{1}{3} + \frac{7}{9} = \frac{1 \times 3}{3 \times 3} + \frac{7}{9} = \frac{3}{9} + \frac{7}{9} = \frac{10}{9} = 1\frac{1}{9}$$

—— 3과 9의 최소공배수 : 9

(5) 받아올림이 있는 (대분수) + (대분수)

방법1 자연수는 자연수끼리, 분수는 분수끼리 계산한다.

$$3\frac{1}{2} + 2\frac{3}{5} = 3\frac{5}{10} + 2\frac{6}{10} = (3+2) + \left(\frac{5}{10} + \frac{6}{10}\right) = 5 + \frac{11}{10} = 5 + 1\frac{1}{10} = 6\frac{1}{10}$$

방법2 대분수를 가분수로 바꾸어 계산한다.

$$3\frac{1}{2} + 2\frac{3}{5} = \frac{7}{2} + \frac{13}{5} = \frac{35}{10} + \frac{26}{10} = \frac{61}{10} = 6\frac{1}{10}$$

바로로 확인 ▶▶

01 □ 안에 알맞은 수를 써넣으시오.

(1) $\dfrac{5}{7} + \dfrac{6}{7} = \dfrac{\boxed{}}{7} = \boxed{}\dfrac{\boxed{}}{7}$

(2) $2\dfrac{4}{9} + 1\dfrac{7}{9} = 3 + \dfrac{\boxed{}}{9} = 3 + \boxed{}\dfrac{\boxed{}}{9} = \boxed{}\dfrac{\boxed{}}{9}$

기출
02 $\dfrac{3}{4} + \dfrac{1}{5}$ 의 계산 과정이다. □ 안에 들어갈 알맞은 수는?

$$\frac{3}{4} + \frac{1}{5} = \frac{3 \times 5}{4 \times 5} + \frac{1 \times 4}{5 \times 4} = \frac{15}{20} + \frac{4}{20} = \boxed{}$$

① $\dfrac{13}{20}$ ② $\dfrac{15}{20}$ ③ $\dfrac{17}{20}$ ④ $\dfrac{19}{20}$

01 (1) 11, 1, 4
   (2) 11, 1, 2, 4, 2

02 ④

6 분수의 뺄셈

(1) 분모가 같은 (분수) − (분수)

분모는 그대로 쓰고, 분자끼리 뺀다.

$$\frac{5}{7} - \frac{3}{7} = \frac{5-3}{7} = \frac{2}{7}$$

(2) 1 − (진분수) 중요⁺

1을 가분수로 바꾸어 분자끼리 뺀다.

$$1 - \frac{1}{3} = \frac{3}{3} - \frac{1}{3} = \frac{3-1}{3} = \frac{2}{3}$$

(3) 진분수 부분끼리 뺄 수 있는 (대분수) − (대분수)

방법1 자연수 부분끼리, 진분수 부분끼리 뺀 결과를 더한다.

$$2\frac{3}{5} - 1\frac{1}{5} = (2-1) + \left(\frac{3}{5} - \frac{1}{5}\right) = 1 + \frac{2}{5} = 1\frac{2}{5}$$

방법2 대분수를 모두 가분수로 바꾸어 분자끼리 뺀다.

$$2\frac{3}{5} - 1\frac{1}{5} = \frac{13}{5} - \frac{6}{5} = \frac{7}{5} = 1\frac{2}{5}$$

(4) (자연수) − (분수)

방법1 자연수에서 1만큼을 가분수로 바꾸어 자연수 부분끼리, 분수 부분끼리 뺀 결과를 더한다.

$$4 - 1\frac{2}{3} = 3\frac{3}{3} - 1\frac{2}{3} = (3-1) + \left(\frac{3}{3} - \frac{2}{3}\right) = 2 + \frac{1}{3} = 2\frac{1}{3}$$

방법2 자연수와 대분수를 모두 가분수로 바꾸어 분자끼리 뺀다.

$$4 - 1\frac{2}{3} = \frac{12}{3} - \frac{5}{3} = \frac{7}{3} = 2\frac{1}{3}$$

(5) 진분수 부분끼리 뺄 수 없는 (대분수) − (대분수)

방법1 빼어지는 대분수에서 1만큼을 가분수로 바꾸어 자연수 부분끼리, 분수 부분끼리 뺀 결과를 더한다.

$$3\frac{1}{5} - 1\frac{3}{5} = 2\frac{6}{5} - 1\frac{3}{5} = (2-1) + \left(\frac{6}{5} - \frac{3}{5}\right) = 1 + \frac{3}{5} = 1\frac{3}{5}$$

방법2 대분수를 모두 가분수로 바꾸어 분자끼리 뺀다.

$$3\frac{1}{5} - 1\frac{3}{5} = \frac{16}{5} - \frac{8}{5} = \frac{8}{5} = 1\frac{3}{5}$$

(6) 분모가 다른 (진분수) − (진분수) 중요⁺

방법1 분모의 곱을 공통분모로 하여 통분한다.

$$\frac{1}{6} - \frac{1}{8} = \frac{1\times8}{6\times8} - \frac{1\times6}{8\times6} = \frac{8}{48} - \frac{6}{48} = \frac{2}{48} = \frac{1}{24}$$

방법2 분모의 최소공배수를 공통분모로 하여 통분한다.

$$\frac{1}{6} - \frac{1}{8} = \frac{1\times4}{6\times4} - \frac{1\times3}{8\times3} = \frac{4}{24} - \frac{3}{24} = \frac{1}{24}$$

└── 6과 8의 최소공배수 : 24

(7) 받아내림이 없는 (대분수) − (대분수)

방법1 자연수는 자연수끼리, 분수는 분수끼리 계산한다.

$$3\frac{2}{3} - 2\frac{1}{2} = 3\frac{4}{6} - 2\frac{3}{6} = (3-2) + \left(\frac{4}{6} - \frac{3}{6}\right) = 1 + \frac{1}{6} = 1\frac{1}{6}$$

방법2 대분수를 가분수로 바꾸어 계산한다.

$$3\frac{2}{3} - 2\frac{1}{2} = \frac{11}{3} - \frac{5}{2} = \frac{22}{6} - \frac{15}{6} = \frac{7}{6} = 1\frac{1}{6}$$

(8) 받아내림이 있는 (대분수) − (대분수)

방법1 자연수는 자연수끼리, 분수는 분수끼리 계산한다.

$$3\frac{1}{2} - 1\frac{4}{5} = 3\frac{5}{10} - 1\frac{8}{10} = 2\frac{15}{10} - 1\frac{8}{10} = (2-1) + (\frac{15}{10} - \frac{8}{10}) = 1 + \frac{7}{10} = 1\frac{7}{10}$$

방법2 대분수를 가분수로 바꾸어 계산한다.

$$3\frac{1}{2} - 1\frac{4}{5} = \frac{7}{2} - \frac{9}{5} = \frac{35}{10} - \frac{18}{10} = \frac{17}{10} = 1\frac{7}{10}$$

바름로 확인 ▶▶

01 □ 안에 알맞은 수를 써넣으시오.

$$4 - \frac{5}{6} = 3\frac{\square}{6} - \frac{5}{6} = \square + \frac{\square}{6} = \square\frac{\square}{6}$$

01 6, 3, 1, 3, 1

02 다음을 계산하시오.

(1) $\frac{8}{9} - \frac{1}{4}$

(2) $4\frac{2}{3} - 2\frac{3}{7}$

02 (1) $\frac{23}{36}$ (2) $2\frac{5}{21}$

기출
03 □ 안에 들어갈 알맞은 수는?

$$\frac{3}{4} - \frac{2}{3} = \frac{9}{12} - \frac{8}{12} = \boxed{}$$

① $\frac{1}{12}$ ② $\frac{3}{12}$ ③ $\frac{5}{12}$ ④ $\frac{7}{12}$

03 ①

기출
04 철수네 땅의 $\frac{1}{4}$에 고구마를 심었고, 나머지 땅에는 땅콩을 심었다. 땅콩을 심은 땅은 전체의 몇 분의 몇인가?

① $\frac{1}{4}$ ② $\frac{2}{4}$ ③ $\frac{3}{4}$ ④ $1\frac{1}{4}$

04 ③

$$1 - \frac{1}{4} = \frac{4}{4} - \frac{1}{4} = \frac{3}{4}$$

7 분수의 곱셈

(1) (진분수)×(자연수), (자연수)×(진분수)

방법1 분자와 자연수, 자연수와 분자의 곱을 구한 후 약분하여 계산한다.

$$\frac{2}{9} \times 12 = \frac{2 \times 12}{9} = \frac{\overset{8}{\cancel{24}}}{\underset{3}{\cancel{9}}} = \frac{8}{3} = 2\frac{2}{3} \qquad 16 \times \frac{5}{6} = \frac{16 \times 5}{6} = \frac{\overset{40}{\cancel{80}}}{\underset{3}{\cancel{6}}} = \frac{40}{3} = 13\frac{1}{3}$$

방법2 주어진 곱셈에서 바로 약분한다.

$$\frac{2}{\underset{3}{\cancel{9}}} \times \overset{4}{\cancel{12}} = \frac{2 \times 4}{3} = \frac{8}{3} = 2\frac{2}{3} \qquad \overset{8}{\cancel{16}} \times \frac{5}{\underset{3}{\cancel{6}}} = \frac{8 \times 5}{3} = \frac{40}{3} = 13\frac{1}{3}$$

자연수에 1보다 작은 진분수를 곱하게 되면, 그 곱은 곱하기 전의 수보다 작아진다.

(2) (대분수)×(자연수), (자연수)×(대분수)

방법1 대분수를 자연수와 진분수로 나누어 각각 자연수와 곱한 후 더한다.

$$1\frac{1}{5} \times 3 = (1 + \frac{1}{5}) \times 3 = (1 \times 3) + (\frac{1}{5} \times 3) = 3 + \frac{3}{5} = 3\frac{3}{5}$$

$$2 \times 1\frac{1}{3} = 2 \times (1 + \frac{1}{3}) = (2 \times 1) + (2 \times \frac{1}{3}) = 2 + \frac{2}{3} = 2\frac{2}{3}$$

방법2 대분수를 가분수로 바꾸어 계산한다.

$$1\frac{1}{5} \times 3 = \frac{6}{5} \times 3 = \frac{6 \times 3}{5} = \frac{18}{5} = 3\frac{3}{5} \qquad 2 \times 1\frac{1}{3} = 2 \times \frac{4}{3} = \frac{2 \times 4}{3} = \frac{8}{3} = 2\frac{2}{3}$$

(3) (단위분수)×(단위분수), (진분수)×(진분수) 중요⁺

① (단위분수)×(단위분수)

분자 1은 그대로 두고, 분모끼리 곱한다.

$$\frac{1}{3} \times \frac{1}{5} = \frac{1}{3 \times 5} = \frac{1}{15}$$

② (진분수)×(진분수)

> **방법1** 분모끼리의 곱과 분자끼리의 곱을 구한 후 약분한다.

$$\frac{2}{3} \times \frac{9}{14} = \frac{2 \times 9}{3 \times 14} = \frac{\overset{3}{\cancel{18}}}{\underset{7}{\cancel{42}}} = \frac{3}{7}$$

> **방법2** 주어진 곱셈에서 바로 약분한다.

$$\frac{\overset{1}{\cancel{2}}}{\underset{1}{\cancel{3}}} \times \frac{\overset{3}{\cancel{9}}}{\underset{7}{\cancel{14}}} = \frac{1 \times 3}{1 \times 7} = \frac{3}{7}$$

(4) (대분수)×(대분수), 세 분수의 곱셈

① (대분수)×(대분수)

> **방법1** 대분수를 자연수 부분과 진분수 부분으로 나누어 계산한다.

$$2\frac{1}{3} \times 1\frac{1}{4} = (2 \times 1) + \left(2 \times \frac{1}{4}\right) + \left(\frac{1}{3} \times 1\right) + \left(\frac{1}{3} \times \frac{1}{4}\right)$$

$$= 2 + \frac{1}{2} + \frac{1}{3} + \frac{1}{12} = 2 + \frac{6}{12} + \frac{4}{12} + \frac{1}{12} = 2 + \frac{11}{12} = 2\frac{11}{12}$$

> **방법2** 대분수를 가분수로 바꾸어 계산한다.

$$2\frac{1}{3} \times 1\frac{1}{4} = \frac{7}{3} \times \frac{5}{4} = \frac{7 \times 5}{3 \times 4} = \frac{35}{12} = 2\frac{11}{12}$$

② 세 분수의 곱셈

> **방법1** 두 분수씩 차례로 계산한다.

$$\frac{3}{4} \times \frac{1}{5} \times \frac{2}{3} = \left(\frac{3}{4} \times \frac{1}{5}\right) \times \frac{2}{3} = \frac{\overset{1}{\cancel{3}}}{\underset{10}{\cancel{20}}} \times \frac{\overset{1}{\cancel{2}}}{\underset{1}{\cancel{3}}} = \frac{1}{10}$$

> **방법2** 세 분수를 한꺼번에 계산한다.

$$\frac{\overset{1}{\cancel{3}}}{\underset{2}{\cancel{4}}} \times \frac{1}{5} \times \frac{\overset{1}{\cancel{2}}}{\underset{1}{\cancel{3}}} = \frac{1}{10}$$

바르르 확인 ▶

기출
01 □ 안에 들어갈 알맞은 수는?

$$\frac{1}{2} \times \frac{1}{4} = \frac{1}{\square}$$

① 2　　　　　　② 4
③ 6　　　　　　④ 8

기출
02 □ 안에 공통으로 들어갈 수는?

$$\frac{1}{2} \times \frac{4}{5} = \frac{1 \times \overset{2}{\cancel{4}}}{\underset{1}{\cancel{2}} \times \square} = \frac{2}{\square}$$

① 5　　　　　　② 6
③ 7　　　　　　④ 8

03 다음을 계산하시오.

(1) $16 \times \dfrac{1}{12}$　　　(2) $\dfrac{1}{7} \times \dfrac{1}{9}$

(3) $3\dfrac{1}{6} \times 2$　　　(4) $\dfrac{5}{6} \times \dfrac{3}{20}$

04 ○ 안에 >, <를 알맞게 써넣으시오.

(1) $12 \times \dfrac{5}{8}$ ○ $12 \times \dfrac{7}{18}$

(2) $2\dfrac{2}{5} \times 1\dfrac{1}{9}$ ○ $2\dfrac{7}{10} \times 1\dfrac{5}{9}$

---

01 ④

02 ①

03 (1) $1\dfrac{1}{3}$　　(2) $\dfrac{1}{63}$

　　(3) $6\dfrac{1}{3}$　　(4) $\dfrac{1}{8}$

04 (1) >　　　(2) <

(1) $7\dfrac{1}{2} > 4\dfrac{2}{3}$

(2) $2\dfrac{2}{3} < 4\dfrac{1}{5}$

8 분수의 나눗셈

(1) (자연수) ÷ (자연수)

① 몫이 1보다 작은 (자연수) ÷ (자연수)

$$1 \div 3 = \frac{1}{3}$$

1을 똑같이 3으로 나눈 것 중 1이므로 1÷3의 몫은 $\frac{1}{3}$ 이다.

② 몫이 1보다 큰 (자연수) ÷ (자연수)

$$7 \div 2 = \frac{7}{2} = 3\frac{1}{2}$$

7을 똑같이 2로 나눈 것 중 1이므로 7÷2의 몫은 $3\frac{1}{2}$ 이다.

(2) (분수) ÷ (자연수)

방법1 분자가 자연수의 배수일 때에는 분자를 자연수로 나눈다.

$$\frac{4}{5} \div 2 = \frac{4 \div 2}{5} = \frac{2}{5}$$

방법2 자연수를 $\frac{1}{(자연수)}$ 로 바꾼 다음 곱하여 계산한다.

$$\frac{4}{5} \div 2 = \frac{\overset{2}{\cancel{4}}}{5} \times \frac{1}{\underset{1}{\cancel{2}}} = \frac{2}{5}$$

방법3 분수의 분모에 자연수를 곱하여 계산한다.

$$\frac{4}{5} \div 2 = \frac{4}{5 \times 2} = \frac{\overset{2}{\cancel{4}}}{\underset{5}{\cancel{10}}} = \frac{2}{5}$$

(3) (가분수) ÷ (자연수)

방법1 분자가 자연수의 배수일 때에는 분자를 자연수로 나눈다.

$$\frac{4}{3} \div 2 = \frac{4 \div 2}{3} = \frac{2}{3}$$

방법2 자연수를 $\frac{1}{(자연수)}$ 로 바꾼 다음 곱하여 계산한다.

$$\frac{4}{3} \div 2 = \frac{\overset{2}{4}}{3} \times \frac{1}{\underset{1}{2}} = \frac{2}{3}$$

방법3 분수의 분모에 자연수를 곱하여 계산한다.

$$\frac{4}{3} \div 2 = \frac{4}{3 \times 2} = \frac{\overset{2}{4}}{\underset{3}{6}} = \frac{2}{3}$$

(4) (대분수) ÷ (자연수)

방법1 대분수를 가분수로 나타낸 다음 분자가 자연수의 배수일 때에는 가분수의 분자를 자연수로 나눈다.

$$2\frac{1}{4} \div 3 = \frac{9}{4} \div 3 = \frac{9 \div 3}{4} = \frac{3}{4}$$

방법2 대분수를 가분수로 나타낸 다음 자연수를 $\frac{1}{(자연수)}$ 로 바꾼 다음 곱하여 계산한다.

$$2\frac{1}{4} \div 3 = \frac{9}{4} \div 3 = \frac{\overset{3}{9}}{4} \times \frac{1}{\underset{1}{3}} = \frac{3}{4}$$

방법3 대분수를 가분수로 나타낸 다음 분수의 분모에 자연수를 곱하여 계산한다.

$$2\frac{1}{4} \div 3 = \frac{9}{4} \div 3 = \frac{\overset{3}{\cancel{9}}}{4 \times \underset{1}{\cancel{3}}} = \frac{3}{4}$$

(5) (진분수) ÷ (진분수)

① 분자끼리 나누어떨어지고 분모가 같은 (진분수) ÷ (진분수)

$$\frac{4}{7} \div \frac{2}{7} = 4 \div 2 = 2$$

② 분자끼리 나누어떨어지지 않고 분모가 같은 (진분수) ÷ (진분수)

$$\frac{3}{5} \div \frac{2}{5} = 3 \div 2 = \frac{3}{2} = 1\frac{1}{2}$$

③ 분자끼리 나누어떨어지지 않고 분모가 다른 (진분수) ÷ (진분수)

두 분수를 통분하여 분자끼리 나누어 계산한다.

$$\frac{3}{4} \div \frac{5}{9} = \frac{27}{36} \div \frac{20}{36} = 27 \div 20 = \frac{27}{20} = 1\frac{7}{20}$$

(6) (자연수) ÷ (진분수)

$$8 \div \frac{2}{3} = (8 \div 2) \times 3 = 12$$

(7) (분수) ÷ (분수)를 (분수) × (분수)로 나타내기 중요⁺

나눗셈을 곱셈으로 나타내고 나누는 분수의 분모와 분자를 바꾼다.

$$\frac{1}{4} \div \frac{3}{5} = \frac{1}{4} \times \frac{5}{3} = \frac{5}{12}$$

(8) (가분수) ÷ (분수)

방법1 통분하여 계산한다.

$$\frac{3}{2} \div \frac{3}{5} = \frac{15}{10} \div \frac{6}{10} = 15 \div 6 = \frac{\overset{5}{\cancel{15}}}{\underset{2}{\cancel{6}}} = \frac{5}{2} = 2\frac{1}{2}$$

방법2 분수의 곱셈으로 나타내어 계산한다.

$$\frac{3}{2} \div \frac{3}{5} = \frac{\overset{1}{\cancel{3}}}{2} \times \frac{5}{\underset{1}{\cancel{3}}} = \frac{5}{2} = 2\frac{1}{2}$$

(9) (대분수) ÷ (분수) 중요⁺

방법1 대분수를 가분수로 나타낸 후 통분하여 계산한다.

$$3\frac{1}{3} \div \frac{3}{5} = \frac{10}{3} \div \frac{3}{5} = \frac{50}{15} \div \frac{9}{15} = 50 \div 9 = \frac{50}{9} = 5\frac{5}{9}$$

방법2 대분수를 가분수로 나타낸 후 분수의 곱셈으로 나타내어 계산한다.

$$3\frac{1}{3} \div \frac{3}{5} = \frac{10}{3} \div \frac{3}{5} = \frac{10}{3} \times \frac{5}{3} = \frac{50}{9} = 5\frac{5}{9}$$

바릎로 확인 ▸▸

기출
01 □ 안에 들어갈 알맞은 수는?

$$\frac{4}{7} \div \frac{3}{5} = \frac{4}{7} \times \frac{5}{\boxed{}}$$

① 3 　　② 4 　　③ 5 　　④ 7

기출
02 ㉠과 ㉡에 들어갈 알맞은 수를 순서대로 나열한 것은?

$$1\frac{1}{2} \div \frac{3}{4} = \frac{\boxed{㉠}}{2} \times \frac{4}{3} = \boxed{㉡}$$

① 3, 1 　　② 3, 2 　　③ 6, 4 　　④ 6, 8

01 ①
$$\frac{4}{7} \div \frac{3}{5} = \frac{4}{7} \times \frac{5}{3}$$

02 ②
$$1\frac{1}{2} \div \frac{3}{4} = \frac{3}{2} \times \frac{4}{3} = 2$$

02 소수

1 소수 알아보기

(1) 소수

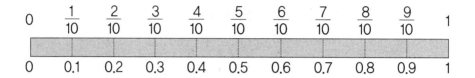

① 전체를 똑같이 10으로 나눈 것 중의 하나는 $\frac{1}{10}$ 이다.

② 분수를 $\frac{1}{10}$ 을 0.1이라 쓰고, '영 점 일'이라고 읽는다.

③ 0.1에서 '.'을 '소수점'이라고 한다.

④ 0.1, 0.2, 0.3, 0.4,… 와 같은 수를 '소수'라고 한다.

(2) 1보다 큰 소수를 나타내는 방법

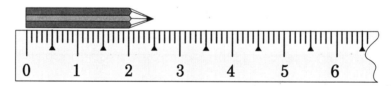

① 1mm = $\frac{1}{10}$ cm = 0.1cm이므로 5mm는 분수로 $\frac{5}{10}$ cm이고, 소수로 0.5cm이다.

② 2cm와 5mm는 2cm와 0.5cm이므로 2.5cm이다.

③ 2와 0.5를 소수로 나타내면 2.5라 쓰고, '이 점 오'라고 읽는다.

(3) 소수 두 자리 수

① 소수 두 자리 수로 나타내기

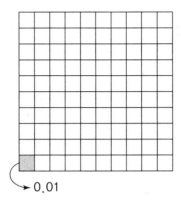

→ 0.01

㉠ 100으로 나눈 작은 모눈 한 칸은 전체의 $\dfrac{1}{100}$이다.

㉡ 분수 $\dfrac{1}{100}$을 소수로 0.01이라 쓰고, '영 점 영일'이라고 읽는다.

㉢ 소수점 아래의 수는 한 자리씩 읽어야 한다.

㉣ 소수를 읽을 때 0도 꼭 읽어야 한다.

② 소수 두 자리 수의 자릿값

자리 이름 →	일의 자리	.	소수 첫째 자리	소수 둘째 자리
자리 숫자 →	3	.	5	4

3			
0	.	5	
0	.	0	4

나타내는 수

3.54
┌ 3은 일의 자리 숫자이고, 3을 나타낸다.
├ 5는 소수 첫째 자리 숫자이고, 0.5를 나타낸다.
└ 4는 소수 둘째 자리 숫자이고, 0.04를 나타낸다.

➜ 3.54 = 3 + 0.5 + 0.04, '삼 점 오사'라고 읽는다.

(4) 소수 세 자리 수

① 소수 세 자리 수로 나타내기

분수 $\dfrac{1}{1000}$을 소수 0.001이라 쓰고, '영 점 영영일'이라고 읽는다.

② 소수 세 자리 수의 자릿값

자리 이름 →	일의 자리	·	소수 첫째 자리	소수 둘째 자리	소수 셋째 자리
자리 숫자 →	4	·	5	7	8

4					
0	·	5			
0	·	0	7		
0		0	0	8	

나타내는 수

4.578
- 4는 일의 자리 숫자이고, 4를 나타낸다.
- 5는 소수 첫째 자리 숫자이고, 0.5를 나타낸다.
- 7은 소수 둘째 자리 숫자이고, 0.07을 나타낸다.
- 8은 소수 셋째 자리 숫자이고, 0.008을 나타낸다.

➔ 4.578 = 4 + 0.5 + 0.07 + 0.008, '사 점 오칠팔'이라고 읽는다.

바로 확인 ▶▶

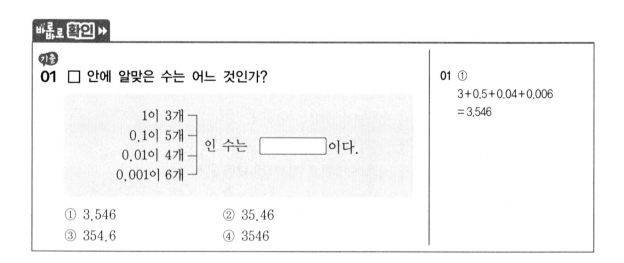

기출
01 □ 안에 알맞은 수는 어느 것인가?

1이 3개
0.1이 5개
0.01이 4개 ─── 인 수는 [   ]이다.
0.001이 6개

① 3.546   ② 35.46
③ 354.6   ④ 3546

01 ①
3+0.5+0.04+0.006
=3.546

2 소수의 크기 비교와 소수 사이의 관계

(1) 소수의 크기 비교

① 자연수 부분의 크기를 비교한다.

$2.58 \, \textcircled{<} \, 3.11$
2 < 3

② 자연수 부분이 같으면 소수 첫째 자리 수의 크기를 비교한다.

$7.531 \, \textcircled{>} \, 7.435$
5 > 4

③ 자연수 부분과 소수 첫째 자리 수가 같으면 소수 둘째 자리 수의 크기를 비교한다.

$5.724 \, \textcircled{>} \, 5.719$
2 > 1

④ 자연수 부분, 소수 첫째 자리 수, 소수 둘째 자리 수가 같으면 소수 셋째 자리 수의 크기를 비교한다.

$3.753 \, \textcircled{<} \, 3.756$
3 < 6

(2) 소수 사이의 관계

① 1, 0.1, 0.01, 0.001 사이의 관계

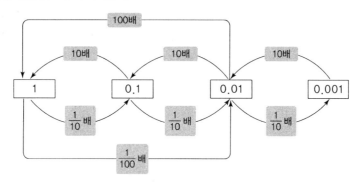

㉠ 어떤 수의 10배는 소수점의 위치가 오른쪽으로 한 자리 이동한 수와 같다.

㉡ 어떤 수의 $\dfrac{1}{10}$ 은 소수점의 위치가 왼쪽으로 한 자리 이동한 수와 같다.

② 소수에서 생략할 수 있는 0

0.1과 0.10은 같은 수이므로 0.10에서 끝자리 숫자 0은 생략하여 나타낼 수 있다.

바로로 확인 ▶▶

01 두 소수의 크기를 비교하여 ○ 안에 >, <를 알맞게 써넣으시오.	01 (1) >
(1) 5.02 ○ 4.91　　　(2) 2.852 ○ 2.914	(2) <

3 소수의 덧셈

(1) 소수 한 자리 수의 덧셈 중요⁺

소수점끼리 맞추어 세로로 쓰고 같은 자리 수끼리 더한다.

$$
\begin{array}{r} 0.6 \\ +0.9 \\ \hline \end{array}
\rightarrow
\begin{array}{r} \overset{1}{}0.6 \\ +0.9 \\ \hline 5 \end{array}
\rightarrow
\begin{array}{r} \overset{1}{}0.6 \\ +0.9 \\ \hline 1.5 \end{array}
$$

(2) 소수 두 자리 수의 덧셈

소수점끼리 맞추어 세로로 쓰고 같은 자리 수끼리 더한다.

$$
\begin{array}{r} 0.31 \\ +0.84 \\ \hline \end{array}
\rightarrow
\begin{array}{r} 0.31 \\ +0.84 \\ \hline 5 \end{array}
\rightarrow
\begin{array}{r} \overset{1}{}0.31 \\ +0.84 \\ \hline 15 \end{array}
\rightarrow
\begin{array}{r} \overset{1}{}0.31 \\ +0.84 \\ \hline 1.15 \end{array}
$$

바로로 확인 ▶▶

기출

01 다음 ㉠에 들어갈 알맞은 수는?

$$
\begin{array}{r} 0.3 \\ +0.8 \\ \hline \boxed{㉠} \end{array}
$$

① 1.1
② 1.3
③ 1.5
④ 1.7

02 다음을 계산하시오.

(1) $\begin{array}{r} 0.4 \\ +0.8 \\ \hline \end{array}$　　(2) $\begin{array}{r} 0.46 \\ +0.29 \\ \hline \end{array}$

01 ①

02 (1) 1.2
　　(2) 0.75

4 소수의 뺄셈

(1) 소수 한 자리 수의 뺄셈

소수점끼리 맞추어 세로로 쓰고 같은 자리 수끼리 뺀다.

$$
\begin{array}{r} 1.3 \\ -\,0.7 \\ \hline \end{array}
\rightarrow
\begin{array}{r} \overset{0\;\;10}{\cancel{1}.3} \\ -\,0.7 \\ \hline 6 \end{array}
\rightarrow
\begin{array}{r} \overset{0\;\;10}{\cancel{1}.3} \\ -\,0.7 \\ \hline 0.6 \end{array}
$$

(2) 소수 두 자리 수의 뺄셈 중요⁺

소수점끼리 맞추어 세로로 쓰고 같은 자리 수끼리 뺀다.

$$
\begin{array}{r} 0.72 \\ -\,0.45 \\ \hline \end{array}
\rightarrow
\begin{array}{r} \overset{6\;\;10}{0.\cancel{7}2} \\ -\,0.45 \\ \hline 7 \end{array}
\rightarrow
\begin{array}{r} \overset{6\;\;10}{0.\cancel{7}2} \\ -\,0.45 \\ \hline 27 \end{array}
\rightarrow
\begin{array}{r} \overset{6\;\;10}{0.\cancel{7}2} \\ -\,0.45 \\ \hline 0.27 \end{array}
$$

바로로 확인 ▶▶

기출
01 ㉠에 들어갈 알맞은 수는?

$$
\begin{array}{r} 0.8\,9 \\ -\,0.5\,7 \\ \hline 0.3\,㉠ \end{array}
$$

① 1　　　② 2
③ 3　　　④ 4

02 다음을 계산하시오.

(1) $\begin{array}{r}0.62\\-0.38\\\hline\end{array}$　　(2) $\begin{array}{r}1.38\\-0.59\\\hline\end{array}$

01 ②

02 (1) 0.24
　　(2) 0.79

5 분수와 소수

(1) 분수와 소수의 관계

① 분모가 10인 분수는 소수 한 자리 수로, 소수 한 자리 수는 분모가 10인 분수로 나타낼 수 있다.

$$\frac{1}{10}=0.1, \quad \frac{7}{10}=0.7, \quad 2\frac{3}{10}=2.3, \cdots$$

② 분모가 100인 분수는 소수 두 자리 수로, 소수 두 자리 수는 분모가 100인 분수로 나타낼 수 있다.

$$\frac{1}{100}=0.01, \quad \frac{3}{100}=0.03, \quad 3\frac{9}{100}=3.09, \cdots$$

③ 분모가 1000인 분수는 소수 세 자리 수로, 소수 세 자리 수는 분모가 1000인 분수로 나타낼 수 있다.

$$\frac{1}{1000}=0.001, \quad \frac{17}{1000}=0.017, \quad 5\frac{623}{1000}=5.623, \cdots$$

(2) 분수를 소수로 나타내기 중요⁺

① 분수를 소수로 나타내기

분수의 분모와 분자에 같은 수를 곱하여 분모를 10, 100, 1000으로 고친 후 소수로 나타낸다.

㉠ 분모가 10인 분수 → 소수 한 자리 수

$$\frac{1}{2}=\frac{1\times5}{2\times5}=\frac{5}{10}=0.5$$

㉡ 분모가 100인 분수 → 소수 두 자리 수

$$\frac{13}{25}=\frac{13\times4}{25\times4}=\frac{52}{100}=0.52$$

ⓒ 분모가 1000인 분수 → 소수 세 자리 수

$$\frac{12}{125} = \frac{12 \times 8}{125 \times 8} = \frac{96}{1000} = 0.096$$

② (자연수) ÷ (자연수)를 소수로 나타내기

$$3 \div 8 = \frac{3}{8} = \frac{3 \times 125}{8 \times 125} = \frac{375}{1000} = 0.375$$

(3) 소수를 분수로 나타내기

소수 한 자리 수, 소수 두 자리 수, 소수 세 자리 수 각각 분모가 10, 100, 1000인 분수로 고친 후 약분한다.

$$0.8 = \frac{\overset{4}{\cancel{8}}}{\underset{5}{\cancel{10}}} = \frac{4}{5} \qquad 0.45 = \frac{\overset{9}{\cancel{45}}}{\underset{20}{\cancel{100}}} = \frac{9}{20} \qquad 0.125 = \frac{\overset{1}{\cancel{125}}}{\underset{8}{\cancel{1000}}} = \frac{1}{8}$$

바로로 확인 ▶▶

01 분수는 소수로, 소수는 분수로 나타내시오.

(1) $\frac{123}{100}$　　　　　(2) 0.48

02 □ 안에 들어갈 수로 알맞은 것은?

$$0.89 = \frac{89}{\square}$$

① 1　　　　　② 10
③ 100　　　　④ 1000

01 (1) 1.23

(2) $\frac{48}{100}$

02 ③

(4) 분수와 소수의 크기 비교

> 방법1 분수를 소수로 나타내어 소수끼리의 크기를 비교한다.

$$\frac{4}{5} = \frac{8}{10} = 0.8 \text{이므로 } 0.8 < 0.9 \rightarrow \frac{4}{5} < 0.9$$

> 방법2 소수를 분수로 나타내어 분수끼리의 크기를 비교한다.

$$\frac{4}{5} = \frac{8}{10}, \ 0.9 = \frac{9}{10} \text{이므로 } \frac{8}{10} < \frac{9}{10} \rightarrow \frac{4}{5} < 0.9$$

6 소수의 곱셈

(1) (소수)×(자연수)

  ① (1보다 작은 소수)×(자연수)

> 방법1 덧셈식으로 계산한다.
>
>   0.9×3은 0.9를 3번 더한 것과 같으므로 0.9+0.9+0.9=2.7이다.

> 방법2 분수의 곱셈으로 계산한다.

$$0.9 \times 3 = \frac{9}{10} \times 3 = \frac{9 \times 3}{10} = \frac{27}{10} = 2.7$$

> 방법3 자연수의 곱셈으로 계산한다.

$$9 \times 3 = 27$$
$$\Big)\frac{1}{10}\text{배} \qquad \Big)\frac{1}{10}\text{배}$$
$$0.9 \times 3 = 2.7$$

  ② (1보다 큰 소수)×(자연수)

> 방법1 덧셈식으로 계산한다.
>
>   1.8×2는 1.8을 2번 더한 것과 같으므로 1.8+1.8=3.6이다.

> 방법2 분수의 곱셈으로 계산한다.

$$1.8 \times 2 = \frac{18}{10} \times 2 = \frac{18 \times 2}{10} = \frac{36}{10} = 3.6$$

방법3 자연수의 곱셈으로 계산한다.

$$18 \times 2 = 36$$

$$\bigg\downarrow \frac{1}{10}\text{배} \qquad \bigg\downarrow \frac{1}{10}\text{배}$$

$$1.8 \times 2 = 3.6$$

(2) (자연수)×(소수)

① (자연수)×(1보다 작은 소수)

방법1 분수의 곱셈으로 계산한다.

$$3 \times 0.5 = 3 \times \frac{5}{10} = \frac{3 \times 5}{10} = \frac{15}{10} = 1.5$$

방법2 자연수의 곱셈으로 계산한다.

$$3 \times 5 = 15$$

$$\bigg\downarrow \frac{1}{10}\text{배} \quad \bigg\downarrow \frac{1}{10}\text{배}$$

$$3 \times 0.5 = 1.5$$

② (자연수)×(1보다 큰 소수)

방법1 분수의 곱셈으로 계산한다.

$$6 \times 2.1 = 6 \times \frac{21}{10} = \frac{6 \times 21}{10} = \frac{126}{10} = 12.6$$

방법2 자연수의 곱셈으로 계산한다.

$$6 \times 21 = 126$$

$$\bigg\downarrow \frac{1}{10}\text{배} \quad \bigg\downarrow \frac{1}{10}\text{배}$$

$$6 \times 2.1 = 12.6$$

(3) (소수)×(소수) 중요⁺

① 1보다 작은 (소수)×(소수)

방법1 분수의 곱셈으로 계산한다.

$$0.4 \times 0.6 = \frac{4}{10} \times \frac{6}{10} = \frac{24}{100} = 0.24$$

방법2 자연수의 곱셈으로 계산한다.

$$4 \times 6 = 24$$

$\quad)\frac{1}{10}$ 배 $\quad)\frac{1}{10}$ 배 $\quad)\frac{1}{100}$ 배

$$0.4 \times 0.6 = 0.24$$

② 1보다 큰 (소수)×(소수)

방법1 분수의 곱셈으로 계산한다.

$$1.3 \times 1.2 = \frac{13}{10} \times \frac{12}{10} = \frac{156}{100} = 1.56$$

방법2 자연수의 곱셈으로 계산한다.

$$13 \times 12 = 156$$

$\quad)\frac{1}{10}$ 배 $\quad)\frac{1}{10}$ 배 $\quad)\frac{1}{100}$ 배

$$1.3 \times 1.2 = 1.56$$

바로로 확인 ▶▶

기출

01 다음 □ 안에 들어갈 수를 순서대로 바르게 나타낸 것은?

$$0.4 \times 0.08 = \frac{\square}{10} \times \frac{\square}{100} = \frac{\square}{1000} = \boxed{}$$

① 4, 8, 32, 32　　　② 4, 8, 32, 0.032
③ 4, 0.8, 0.32, 0.32　　④ 0.4, 0.8, 0.32, 0.32

01 ②

(4) 곱의 소수점의 위치 중요⁺

① (소수)×(자연수), (자연수)×(소수)에서 곱의 소수점의 위치

  ㉠ 곱의 소수점의 위치는 곱해지는 소수의 소수점 위치와 같다.

  ㉡ 곱의 소수점 아래의 자릿수가 모자라면 0을 더 채워쓰고, 소수점을 찍는다.

$$0.5 \times 3 = 1.5$$
소수 한 자리 수 소수 한 자리 수

$$3 \times 0.4 = 1.2$$
소수 한 자리 수 소수 한 자리 수

$$0.05 \times 3 = 0.15$$
소수 두 자리 수 소수 두 자리 수

$$3 \times 0.04 = 0.12$$
소수 두 자리 수 소수 두 자리 수

$$0.005 \times 3 = 0.015$$
소수 세 자리 수 소수 세 자리 수

$$3 \times 0.004 = 0.012$$
소수 세 자리 수 소수 세 자리 수

② 소수에 10, 100, 1000을 곱하기

  ㉠ 본래의 소수점의 자리에서 곱하는 수의 0의 개수만큼 소수점을 오른쪽으로 옮긴다.

  ㉡ 곱의 소수점을 옮길 자리가 없으면 오른쪽으로 0을 채우면서 소수점을 옮긴다.

$$0.27 \times 10 = 27 = 2.7$$
1개 1칸 이동

$$0.27 \times 100 = 27 = 27$$
2개 2칸 이동

$$0.27 \times 1000 = 270 = 270$$
3개 3칸 이동

③ 자연수에 0.1, 0.01, 0.001을 곱하기

  ㉠ 곱하는 수의 소수점 아래 자릿수만큼 소수점을 왼쪽으로 옮긴다.

  ㉡ 곱의 소수점을 옮길 자리가 없으면 왼쪽으로 0을 채우면서 소수점을 옮긴다.

$$125 \times 0.1 = 125 = 12.5$$
소수 한 자리 수 1칸 이동

$$125 \times 0.01 = 125 = 1.25$$
소수 두 자리 수 2칸 이동

$$125 \times 0.001 = 125 = 0.125$$
소수 세 자리 수 3칸 이동

바로로 확인 ▶▶

기출
01 □ 안에 들어갈 알맞은 수는?

$2 \times 7 = 14$	$2 \times 0.7 = 1.4$	$2 \times 0.07 = \boxed{}$

① 14 ② 1.4
③ 0.14 ④ 0.014

01 ③

어떤 수의 $\frac{1}{10}$은 소수점의 위치가 왼쪽으로 한 자리 이동한 수와 같으므로 0.14가 들어가야 한다.

7 소수의 나눗셈 중요⁺

(1) (소수) ÷ (자연수)

① 자연수의 나눗셈을 이용한 (소수) ÷ (자연수)

나누는 수가 같을 때 나누어지는 수가 $\frac{1}{10}$배, $\frac{1}{100}$배가 되면 몫도 $\frac{1}{10}$배, $\frac{1}{100}$배가 된다.

② 각 자리에서 나누어떨어지지 않는 (소수) ÷ (자연수)

방법1 분수의 나눗셈으로 바꾸어 계산한다.

$$25.16 \div 4 = \frac{2516}{100} \div 4 = \frac{2516 \div 4}{100} = \frac{629}{100} = 6.29$$

방법2 자연수의 나눗셈을 이용하여 계산한다.

$$2516 \div 4 = 629 \;\rightarrow\; 25.16 \div 4 = 6.29$$

방법3 세로로 계산한다.

$$
\begin{array}{r}
629 \\
4{\overline{\smash{\big)}\,2516}} \\
\underline{24} \\
11 \\
\underline{8} \\
36 \\
\underline{36} \\
0
\end{array}
\quad\rightarrow\quad
\begin{array}{r}
6.29 \\
4{\overline{\smash{\big)}\,2516}} \\
\underline{24} \\
11 \\
\underline{8} \\
36 \\
\underline{36} \\
0
\end{array}
$$

③ 몫이 1보다 작은 소수인 (소수) ÷ (자연수)

방법1 분수의 나눗셈으로 바꾸어 계산한다.

$$5.34 \div 6 = \frac{534}{100} \div 6 = \frac{534 \div 6}{100} = \frac{89}{100} = 0.89$$

방법2 자연수의 나눗셈을 이용하여 계산한다.

$$534 \div 6 = 89 \;\rightarrow\; 5.34 \div 6 = 0.89$$

방법3 세로로 계산한다.

$$
\begin{array}{r}
89 \\
6\,)\overline{534} \\
48 \\
\hline
54 \\
54 \\
\hline
0
\end{array}
\quad\rightarrow\quad
\begin{array}{r}
0.89 \\
6\,)\overline{5.34} \\
48 \\
\hline
54 \\
54 \\
\hline
0
\end{array}
$$

④ 소수점 아래 0을 내려 계산하는 (소수) ÷ (자연수)

방법1 분수의 나눗셈으로 바꾸어 계산한다.

$$6.6 \div 5 = \frac{660}{100} \div 5 = \frac{660 \div 5}{100} = \frac{132}{100} = 1.32$$

방법2 자연수의 나눗셈을 이용하여 계산한다.

$$660 \div 5 = 132 \;\rightarrow\; 6.6 \div 5 = 1.32$$

방법3 세로로 계산한다.

$$
\begin{array}{r}
132 \\
5\,)\overline{660} \\
5 \\
\hline
16 \\
15 \\
\hline
10 \\
10 \\
\hline
0
\end{array}
\quad\rightarrow\quad
\begin{array}{r}
1.32 \\
5\,)\overline{6.60} \\
5 \\
\hline
16 \\
15 \\
\hline
10 \\
10 \\
\hline
0
\end{array}
$$

⑤ 몫의 소수 첫째 자리가 0인 (소수)÷(자연수)

방법1 분수의 나눗셈으로 바꾸어 계산한다.

$$8.12 \div 2 = \frac{812}{100} \div 2 = \frac{812 \div 2}{100} = \frac{406}{100} = 4.06$$

방법2 자연수의 나눗셈을 이용하여 계산한다.

$$812 \div 2 = 406 \rightarrow 8.12 \div 2 = 4.06$$

방법3 세로로 계산한다.

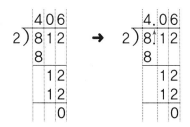

바름.로 확인 ▶▶

기출
01 다음 ☐ 안에 알맞은 수는 얼마인가?

| 1540 ÷ 4 = 385 | 15.4 ÷ 4 = ☐ |

① 38.5   ② 3.85
③ 0.385   ④ 0.0385

기출
02 다음 중 몫이 가장 큰 것은?

① 6.42÷2   ② 64.2÷2
③ 642÷2   ④ 6420÷2

01 ②

02 ④

(2) (자연수) ÷ (자연수)

방법1 몫을 분수로 나타낸 다음 소수로 나타낸다.

$$7 \div 2 = \frac{7}{2} = \frac{35}{10} = 3.5$$

방법2 자연수의 나눗셈을 이용하여 계산한다.

$$70 \div 2 = 35 \rightarrow 7 \div 2 = 3.5$$

방법3 세로로 계산한다.

$$
\begin{array}{r}
35 \\
2\overline{)70} \\
6 \\
\hline
10 \\
10 \\
\hline
0
\end{array}
\rightarrow
\begin{array}{r}
3.5 \\
2\overline{)7.0} \\
6 \\
\hline
10 \\
10 \\
\hline
0
\end{array}
$$

(3) (소수) ÷ (소수)

① 자연수의 나눗셈을 이용한 (소수) ÷ (소수)

(소수) ÷ (소수)에서 나누어지는 수와 나누는 수를 똑같이 10배 또는 100배 하여 (자연수) ÷ (자연수)로 계산한다.

$$1.6 \div 0.8$$

10배 ↓ ↓ 10배

$$16 \div 8 = 2$$

$$1.6 \div 0.8 = 2$$

$$0.16 \div 0.08$$

100배 ↓ ↓ 100배

$$16 \div 8 = 2$$

$$0.16 \div 0.08 = 2$$

② 자릿수가 같은 (소수) ÷ (소수)

방법1 분수의 나눗셈으로 바꾸어 계산한다.

$$1.62 \div 0.27 = \frac{162}{100} \div \frac{27}{100} = 162 \div 27 = 6$$

방법2 자연수의 나눗셈을 이용하여 계산한다.

$$1.62 \div 0.27 = 6 \rightarrow 162 \div 27 = 6$$

방법3 세로로 계산한다.

$$0.27 \overline{)1.62} \;\rightarrow\; 0.27 \overline{)1.62} \;\rightarrow\; 27 \overline{)\begin{array}{r} 6 \\ 162 \\ 162 \\ \hline 0 \end{array}}$$

③ 자릿수가 다른 (소수)÷(소수)

방법1 자연수의 나눗셈을 이용하여 계산한다.

$$1.08 \div 1.2 = 0.9 \rightarrow 10.8 \div 12 = 0.9$$

방법2 세로로 계산한다.

$$1.2 \overline{)1.08} \;\rightarrow\; 1.2 \overline{)1.08} \;\rightarrow\; 12 \overline{)\begin{array}{r} 0.9 \\ 10.8 \\ 108 \\ \hline 0 \end{array}}$$

바로바로 확인

01 다음 나눗셈의 몫은?

$$0.7 \overline{)\begin{array}{r} 5 \\ 3.5 \\ 3.5 \\ \hline 0 \end{array}}$$

① 0
② 0.7
③ 3.5
④ 5

01 ④

02 소수를 분수로 고쳐 나눗셈을 할 때 □ 안에 알맞은 수는?

$$11.04 \div 0.48 = \frac{1104}{100} \div \frac{\boxed{}}{100} = 1104 \div 48 = 23$$

① 60
② 48
③ 36
④ 24

02 ②

(4) (자연수) ÷ (소수)

① (자연수) ÷ (소수)

방법1 분수의 나눗셈으로 바꾸어 계산한다.

$$17 \div 3.4 = \frac{170}{10} \div \frac{34}{10} = 170 \div 34 = 5$$

방법2 자연수의 나눗셈을 이용하여 계산한다.

$$17 \div 3.4 = 5 \rightarrow 170 \div 34 = 5$$

방법3 세로로 계산한다.

$$3.4 \overline{)17} \quad \rightarrow \quad 3.4 \overline{)17.0} \quad \rightarrow \quad 34 \overline{)\begin{array}{r} 5 \\ 170 \\ \underline{170} \\ 0 \end{array}}$$

② 나누는 수, 나누어지는 수와 몫의 관계

㉠ 나누어지는 수가 같을 때 나누는 수가 $\frac{1}{10}$ 배, $\frac{1}{100}$ 배가 되면 몫은 10배, 100배가 된다.

㉡ 나누는 수가 같을 때 나누어지는 수가 10배, 100배가 되면 몫은 10배, 100배가 된다.

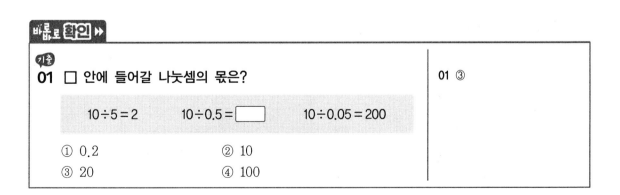

바로로 확인 ▶▶

기출

01 □ 안에 들어갈 나눗셈의 몫은?

| $10 \div 5 = 2$ | $10 \div 0.5 = \boxed{}$ | $10 \div 0.05 = 200$ |

① 0.2　　　　　　② 10
③ 20　　　　　　④ 100

01 ③

01 □ 안에 알맞은 수는?

01
5는 30의 $\frac{1}{6}$이다.

5는 30의 □이다.

① $\frac{1}{3}$　　　② $\frac{1}{5}$

③ $\frac{1}{6}$　　　④ $\frac{1}{30}$

02 다음 중 가분수는?

02
①, ②는 진분수, ④는 대분수이다.

① $\frac{1}{2}$　　　② $\frac{3}{4}$

③ $\frac{7}{3}$　　　④ $2\frac{3}{5}$

03 분수 $\frac{4}{3}$에 대한 설명으로 옳지 <u>않은</u> 것은?

03
$\frac{4}{3}$는 분자가 분모보다 큰 가분수이다.

① 진분수이다.

② 1보다 큰 수이다.

③ $\frac{1}{3}$이 4개인 수이다.

④ '삼분의 사'라고 읽는다.

04 □ 안에 들어갈 알맞은 수는?

$$\frac{1}{4} = \frac{2}{8} = \frac{3}{\square}$$

① 10　　　　　　② 12

③ 14　　　　　　④ 16

04

$$\frac{1}{4} = \frac{1\times2}{4\times2} = \frac{1\times3}{4\times3}$$

05 다음 중 $\frac{3}{9}$ 과 크기가 같은 분수는?

① $\frac{1}{2}$　　　　　② $\frac{1}{3}$

③ $\frac{4}{5}$　　　　　④ $\frac{1}{12}$

05

$$\frac{3}{9} = \frac{3\div3}{9\div3} = \frac{1}{3}$$

06 $\frac{1}{3}$ 과 $\frac{1}{6}$ 의 공통분모는 얼마인가?

① 3　　　　　　② 6

③ 9　　　　　　④ 15

06

$\frac{1}{3}$ 과 $\frac{1}{6}$ 의 공통분모는 3과 6의 최소 공배수인 6이다.

07 다음 중 $\frac{1}{5}$ 보다 큰 분수는?

① $\frac{1}{3}$　　　　　② $\frac{1}{7}$

③ $\frac{1}{9}$　　　　　④ $\frac{1}{11}$

07

단위분수는 분모가 클수록 똑같이 나눈 것 중의 하나의 크기가 더 작아지므로 분모가 작을수록 더 크다. 따라서 $\frac{1}{5}$ 보다 큰 분수는 $\frac{1}{3}$ 이다.

ⒶⓃⓈⓌⒺⓇ

04. ②　05. ②　06. ②　07. ①

08 다음 중 두 분수의 크기를 잘못 비교한 것은?

① $\dfrac{1}{3} < \dfrac{3}{5}$ ② $\dfrac{9}{11} > \dfrac{5}{8}$

③ $\dfrac{7}{10} < \dfrac{8}{15}$ ④ $\dfrac{10}{13} > \dfrac{8}{11}$

09 □ 안에 알맞은 분수는?

$$\dfrac{3}{7} + \dfrac{2}{7} = \boxed{}$$

① $\dfrac{4}{7}$ ② $\dfrac{5}{7}$

③ $\dfrac{6}{7}$ ④ $\dfrac{7}{9}$

10 다음을 계산하면 얼마인가?

$$\dfrac{1}{3} + \dfrac{3}{5}$$

① $\dfrac{3}{8}$ ② $\dfrac{4}{15}$

③ $\dfrac{8}{15}$ ④ $\dfrac{14}{15}$

08

③ $\left(\dfrac{7}{10},\ \dfrac{8}{15} \right) \rightarrow \left(\dfrac{21}{30},\ \dfrac{16}{30} \right)$

$\dfrac{7}{10} > \dfrac{8}{15}$

09

$\dfrac{3}{7} + \dfrac{2}{7} = \dfrac{3+2}{7} = \dfrac{5}{7}$

10

$\dfrac{1}{3} + \dfrac{3}{5} = \dfrac{1\times5}{3\times5} + \dfrac{3\times3}{5\times3} = \dfrac{5}{15} + \dfrac{9}{15}$

$= \dfrac{14}{15}$

A N S W E R

08. ③ **09.** ② **10.** ④

11 다음 중 계산 결과가 1보다 큰 것은?

① $\dfrac{3}{4} + \dfrac{2}{9}$

② $\dfrac{2}{5} + \dfrac{3}{7}$

③ $\dfrac{1}{3} + \dfrac{5}{6}$

④ $\dfrac{3}{10} + \dfrac{6}{15}$

11

$$\dfrac{1}{3} + \dfrac{5}{6} = \dfrac{1 \times 2}{3 \times 2} + \dfrac{5}{6} = \dfrac{2}{6} + \dfrac{5}{6}$$

$$= \dfrac{7}{6} = 1\dfrac{1}{6}$$

12 □ 안에 들어갈 알맞은 수는?

$$\dfrac{3}{5} - \dfrac{2}{7} = \dfrac{21}{35} - \dfrac{10}{35} = \boxed{}$$

① $\dfrac{9}{35}$

② $\dfrac{11}{35}$

③ $\dfrac{13}{35}$

④ $\dfrac{15}{35}$

12

$$\dfrac{3}{5} - \dfrac{2}{7} = \dfrac{21}{35} - \dfrac{10}{35} = \dfrac{11}{35}$$

13 쌀을 진희는 1kg, 민지는 $\dfrac{2}{5}$kg 가지고 있다. 진희는 민지보다 쌀을 몇 kg 더 많이 가지고 있는가?

① $\dfrac{1}{5}$

② $\dfrac{2}{5}$

③ $\dfrac{3}{5}$

④ $\dfrac{4}{5}$

13

$$1 - \dfrac{2}{5} = \dfrac{5}{5} - \dfrac{2}{5} = \dfrac{3}{5}\,kg$$

A N S W E R

11. ③ **12.** ② **13.** ③

14 분수의 곱셈을 바르게 한 것은?

$$\frac{1}{2}\times\frac{1}{3}$$

① $\frac{1}{6}$　　　　② $\frac{2}{6}$

③ $\frac{3}{6}$　　　　④ $\frac{4}{6}$

15 □ 안에 공통으로 들어갈 수는?

$$\frac{1}{3}\times\frac{6}{7} = \frac{1}{\cancel{3}}\times\frac{\overset{2}{\cancel{6}}}{\square} = \frac{2}{\square}$$

① 5　　　　② 6
③ 7　　　　④ 8

16 다음 중 계산 결과가 $\frac{9}{13}$보다 작은 것은?

① $\frac{9}{13}\times2$　　　　② $4\times\frac{9}{13}$

③ $\frac{9}{13}\times\frac{4}{3}$　　　　④ $\frac{1}{2}\times\frac{9}{13}$

14

$$\frac{1}{2}\times\frac{1}{3} = \frac{1}{2\times3} = \frac{1}{6}$$

15

$$\frac{1}{3}\times\frac{6}{7} = \frac{1}{\cancel{3}}\times\frac{\overset{2}{\cancel{6}}}{7} = \frac{2}{7}$$

16

어떤 수에 진분수를 곱하면 계산 결과는 어떤 수보다 작다. 따라서 $\frac{9}{13}$에 진분수를 곱한 ④의 계산 결과가 $\frac{9}{13}$보다 작다.

A N S W E R
14. ① **15.** ③ **16.** ④

17 5÷7을 곱셈으로 바르게 나타낸 것은?

① 5×7

② $5 \times \dfrac{1}{7}$

③ $5 \times \dfrac{7}{1}$

④ $\dfrac{1}{5} \times \dfrac{1}{7}$

17

$5 \div 7 = 5 \times \dfrac{1}{7} = \dfrac{5}{7}$

18 다음을 계산하면 얼마인가?

$$\dfrac{2}{3} \div 5$$

① $5\dfrac{2}{3}$

② $\dfrac{10}{15}$

③ $3\dfrac{1}{3}$

④ $\dfrac{2}{15}$

18

$\dfrac{2}{3} \div 5 = \dfrac{2}{3} \times \dfrac{1}{5} = \dfrac{2}{15}$

19 다음을 계산하면 얼마인가?

$$\dfrac{4}{5} \div \dfrac{3}{4}$$

① $\dfrac{3}{20}$

② $\dfrac{7}{20}$

③ $\dfrac{5}{16}$

④ $1\dfrac{1}{15}$

19

$\dfrac{4}{5} \div \dfrac{3}{4} = \dfrac{4}{5} \times \dfrac{4}{3} = \dfrac{16}{15} = 1\dfrac{1}{15}$

ANSWER

17. ② **18.** ④ **19.** ④

20 다음 중 계산 결과가 다른 것은?

① $\dfrac{4}{5} \div \dfrac{2}{5}$ ② $\dfrac{6}{11} \div \dfrac{3}{11}$

③ $\dfrac{7}{9} \div \dfrac{4}{9}$ ④ $\dfrac{10}{13} \div \dfrac{5}{13}$

21 □ 안에 알맞은 수를 순서대로 나열한 것은?

$$2\dfrac{2}{3} \div \dfrac{2}{3} = \dfrac{\square}{3} \times \dfrac{3}{2} = \square$$

① 8, 4 ② 8, 9

③ 24, 4 ④ 24, 9

22 소수 0.54에 대한 설명으로 바른 것은?

① 1보다 큰 수이다.

② 1이 54개인 수이다.

③ '영 점 오사'라고 읽는다.

④ 분수로는 나타낼 수 없다.

23 소수 2.25와 크기가 같은 분수는?

① $1\dfrac{1}{2}$ ② $1\dfrac{1}{3}$

③ $2\dfrac{1}{4}$ ④ $2\dfrac{1}{5}$

20

①, ②, ④는 분자끼리 나누어떨어지고 분모가 같으므로 분자의 나눗셈으로 계산한다. 따라서 계산 결과는 2이다. ③은 분자끼리 나누어떨어지지 않고 분모가 같으므로 계산 결과는 다음과 같다.

$$\dfrac{7}{9} \div \dfrac{4}{9} = 7 \div 4 = \dfrac{7}{4} = 1\dfrac{3}{4}$$

21

$$2\dfrac{2}{3} \div \dfrac{2}{3} = \dfrac{8}{\cancel{3}} \times \dfrac{\cancel{3}^{1}}{2} = 4$$

22

① 1보다 작은 수이다.
② 0.01이 54개인 수이다.
④ 분수로 나타낼 수 있다.

$$0.54 = \dfrac{54}{100} = \dfrac{27}{50}$$

23

$$2.25 = 2\dfrac{25}{100} = 2\dfrac{\cancel{25}^{1}}{\cancel{100}_{4}} = 2\dfrac{1}{4}$$

A N S W E R

20. ③ 21. ① 22. ③ 23. ③

24 소수 둘째 자리 숫자가 가장 큰 것은 어느 것인가?

① 1.038 ② 3.572

③ 11.86 ④ 7.94

24
소수 둘째 자리 숫자는 ①이 3, ②가 7, ③이 6, ④가 4로 ② 3.572의 소수 둘째 자리 숫자가 가장 크다.

25 9.5와 크기가 같은 수는?

① 0.95 ② 9.50

③ 95 ④ 950

25
0.5와 0.50은 같은 수이므로 0.50에서 끝자리 숫자 0은 생략하여 나타낼 수 있다.

26 고구마의 무게가 2.43kg이고, 바구니의 무게가 0.84kg 이라면, 고구마가 담긴 바구니의 무게는 몇 kg인가?

① 2.27kg ② 2.54kg

③ 3.27kg ④ 3.54kg

26
$2.43 + 0.84 = 3.27$kg

27 다음을 계산하면 얼마인가?

$$0.72 - 0.25$$

① 0.37 ② 0.47

③ 0.87 ④ 0.97

27
$0.72 - 0.25 = 0.47$

28 다음 중에서 가장 큰 수는?

① 0.8 ② 0.529

③ $\dfrac{9}{10}$ ④ $\dfrac{3}{5}$

28
③ 0.9 > ① 0.8 > ④ 0.6 > ② 0.529

ANSWER

24. ② **25.** ② **26.** ③ **27.** ② **28.** ③

29 분수와 소수의 크기 비교가 옳지 <u>않은</u> 것은?

분수　소수　　　　분수　소수

① $\frac{2}{10}$ ⟩ 0.1　　② $\frac{3}{10}$ ＝ 0.3

③ $\frac{6}{10}$ ⟨ 0.6　　④ $\frac{8}{10}$ ⟨ 0.9

30 소수와 자연수의 곱셈을 다음과 같이 계산하려고 한다. □에 알맞은 수는?

$$1.5 \times 3 = 1.5 + 1.5 + \boxed{} = 4.5$$

① 1.3　　　　　② 1.4
③ 1.5　　　　　④ 1.6

31 다음은 5 × 0.7을 계산하는 과정이다. ㉠에 알맞은 수는?

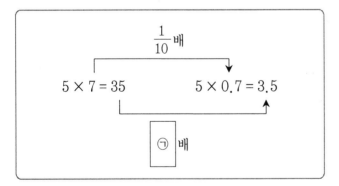

① $\frac{1}{2}$　　　　　② $\frac{1}{5}$

③ $\frac{1}{10}$　　　　　④ $\frac{1}{20}$

29

③ $\frac{6}{10}$ = 0.6

30

1.5×3은 1.5를 3번 더한 것과 같으므로
1.5 + 1.5 + 1.5 = 4.50이다.

31

앞의 식과 뒤의 식의 결괏값이 같아야

한다. 7에 $\frac{1}{10}$ 배를 곱하였으므로 35에도

마찬가지로 $\frac{1}{10}$ 배를 곱한다.

ⒶⓃⓈⓌⒺⓇ
29. ③　**30.** ③　**31.** ③

32 곱이 가장 큰 것은?

① 275.46×92 ② 27.546×92

③ 2.7546×92 ④ 0.27546×92

32
모두 92를 곱하였기 때문에 소수 부분이 가장 큰 ①이 곱이 가장 크다.

33 딸기 3.6kg을 따서 3명이 똑같이 나누었을 때, 한 명이 가진 딸기의 무게는?

① 1.2kg   ② 1.8kg

③ 2.4kg   ④ 3.0kg

33
$3.6 \div 3 = 1.2$kg

34 ㉠, ㉡에 들어갈 알맞은 수를 순서대로 나열한 것은?

$$1.8 \div 0.3 = \frac{18}{10} \div \frac{3}{10} = 18 \div \boxed{㉠} = \boxed{㉡}$$

① 3, 6   ② 3, 8

③ 10, 6   ④ 10, 8

34
$1.8 \div 0.3 = \dfrac{18}{10} \div \dfrac{3}{10} = 18 \div 3 = 6$

35 소수의 나눗셈을 바르게 한 것은?

① $21 \div 0.7 = 3$

② $21 \div 0.7 = 30$

③ $21 \div 0.7 = 300$

④ $21 \div 0.7 = 3000$

35
$21 \div 0.7 = \dfrac{210}{10} \div \dfrac{7}{10} = 210 \div 7 = 30$

ANSWER
32. ① **33.** ① **34.** ① **35.** ②

36 나눗셈의 몫이 가장 큰 것은?

① $1.5 \div 0.5$ ② $2.5 \div 0.5$

③ $3.6 \div 0.9$ ④ $6.3 \div 0.7$

36
④ $6.3 \div 0.7 = 9$
① $1.5 \div 0.5 = 3$
② $2.5 \div 0.5 = 5$
③ $3.6 \div 0.9 = 4$

37 물 9.5L를 2L 병 여러 개에 가득 담았더니 1.5L가 남았다. 물이 가득 찬 2L 병의 개수는?

① 4개   ② 5개

③ 6개   ④ 7개

37
9.5L의 물을 2L 병 여러 개에 담고 1.5L가 남았으므로 9.5L－1.5L＝8L
8L÷2L＝4, 따라서 물이 가득 찬 2L 병의 개수는 4개이다.

Chapter

05

도형

05 도형

학습 point⁺

각도의 합과 차, 평면도형의 종류와 성질 및 다각형과 원의 둘레와 넓이, 입체도형의 종류와 성질 및 직육면체와 정육면체의 부피와 겉넓이에 대한 학습과 함께 도형의 합동과 대칭에 대한 개념 학습이 필요하다.

01 선의 종류와 각도

1 선의 종류

(1) 선분 : 두 점을 곧게 이은 선으로, 점 ㄱ과 점 ㄴ을 이은 선분을 '선분 ㄱㄴ 또는 선분 ㄴㄱ'이라고 읽는다.

(2) 반직선 : 한 점에서 시작하여 한쪽으로 끝없이 늘인 곧은 선이다.

    ① 점 ㄱ에서 시작하여 점 ㄴ을 지나는 반직선을 '반직선 ㄱㄴ'이라고 읽는다.

    ② 점 ㄴ에서 시작하여 점 ㄱ을 지나는 반직선을 '반직선 ㄴㄱ'이라고 읽는다.

(3) 직선 : 선분을 양쪽으로 끝없이 늘인 곧은 선으로, 점 ㄱ과 점 ㄴ을 지나는 직선을 '직선 ㄱㄴ 또는 직선 ㄴㄱ'이라고 읽는다.

2 각도

(1) 각

① 각 : 한 점에서 그은 반직선으로 이루어진 도형

→ '각 ㄱㄴㄷ 또는 각 ㄷㄴㄱ'이라고 읽는다.

② 꼭짓점 : 점 ㄴ

③ 변 : 반직선 ㄴㄱ, 반직선 ㄴㄷ

④ 변 읽기 : 반직선 ㄴㄱ → 변 ㄴㄱ, 반직선 ㄴㄷ → 변 ㄴㄷ

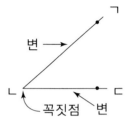

(2) 각의 크기 비교

① 각의 크기는 두 변이 벌어진 정도가 클수록 큰 각이다.

② 각의 크기는 그려진 변의 길이와 관계없이 두 변의 벌어진 정도로 비교한다.

(3) 각도

① 각도 : 각의 크기

② 1°(1도) : 직각을 똑같이 90으로 나눈 것 중 하나

③ 각도기를 이용하여 각도 재기

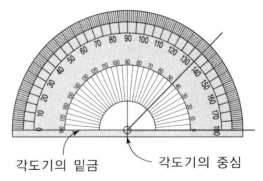

각도기의 밑금   각도기의 중심

㉠ 각도기의 중심을 각의 꼭짓점에, 각도기의 밑금을 각의 한 변에 맞춘다.

㉡ 각의 나머지 변과 만나는 각도기의 눈금을 읽는다.

(4) 각의 종류

예각   직각   둔각

① 예각 : 각도가 0°보다 크고 직각(90°)보다 작은 각

② 직각 : 90°인 각

③ 둔각 : 직각(90°)보다 크고, 180°보다 작은 각

④ 예각, 직각, 둔각의 크기 비교 : 0°<예각<직각<둔각<180°

바름로 확인▶

01 다음 각을 읽어보시오.

(1)  (2)

02 다음 각은 몇 도인가?

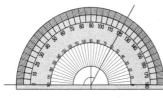

① 30°
② 60°
③ 90°
④ 120°

기출
03 각의 크기가 가장 큰 것은?

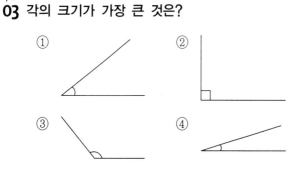

① ② ③ ④

01 (1) 각 ㄱㄴㄷ 또는 각 ㄷㄴㄱ
　　(2) 각 ㅁㄹㅂ 또는 각 ㅂㄹㅁ

02 ④

03 ③
각의 크기 : 예각<직각<둔각
③ 둔각, ①·④ 예각, ② 직각

3 각도의 합과 차

(1) 각도의 합과 차

① 각도의 합

  ㉠ 두 각을 겹치지 않게 놓았을 때, 전체 각의 크기는
     두 각도의 합과 같다.

  ㉡ 각도의 합은 자연수의 덧셈과 같은 방법으로 구한다.
     → $30° + 40° = 70°$

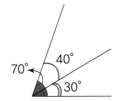

② 각도의 차

  ㉠ 두 각을 겹치게 놓았을 때, 겹치지 않는 부분의 각의
     크기는 두 각도의 차와 같다.

  ㉡ 각도의 차는 자연수의 뺄셈과 같은 방법으로 구한다.
     → $40° - 30° = 10°$

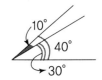

(2) 삼각형의 세 각의 크기의 합 중요⁺

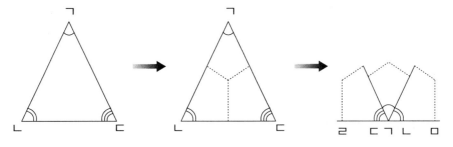

삼각형을 그림과 같이 잘라서 세 꼭짓점이 한 점에 모이도록 이어 붙이면 한 직선 위에
맞춰진다.

➔ 한 직선이 이루는 각의 크기는 $180°$이므로 삼각형의 세 각의 크기의 합은 $180°$이다.

(3) 사각형의 네 각의 크기의 합 중요⁺

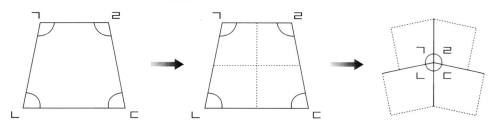

사각형을 그림과 같이 잘라서 네 꼭짓점이 한 점에 모이도록 이어 붙이면 모두 만나서 바닥을 채운다.

→ 한 점을 중심으로 한 바퀴 돌린 각의 크기는 360°이므로 사각형의 네 각의 크기의 합은 360°이다.

바로로 확인 ▶▶

01 다음 두 각의 합과 차를 구하시오.

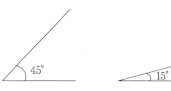

01 합 : 60°, 차 : 30°
합 : 45°+15° = 60°
차 : 45°-15° = 30°

기출
02 □ 안에 들어갈 알맞은 수는?

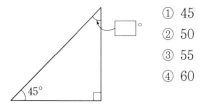

① 45
② 50
③ 55
④ 60

02 ①
삼각형의 세 각의 합은 180°
이다.
180°-(45°+90°) = 45°

기출
03 □ 안에 들어갈 알맞은 수는?

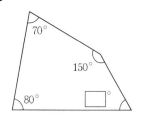

① 60
② 70
③ 80
④ 150

03 ①
사각형의 네 각의 합은 360°
이다.
360°-(70°+80°+150°) = 60°

02 평면도형

1 삼각형

(1) 변의 길이에 따른 삼각형 분류

① 이등변삼각형

㉠ 두 변의 길이가 같다.

㉡ 길이가 같은 두 변에 있는 두 각의 크기가 같다.

② 정삼각형

㉠ 세 변의 길이가 같다.

㉡ 세 각의 크기가 같다.

이등변삼각형   정삼각형

③ 이등변삼각형과 정삼각형의 관계 : 정삼각형도 두 변의 길이는 같기 때문에 이등변삼 각형이다.

(2) 각의 크기에 따른 삼각형 분류 **중요⁺**

예각삼각형   직각삼각형   둔각삼각형

① 예각삼각형 : 세 각이 모두 예각인 삼각형

② 직각삼각형 : 한 각이 직각인 삼각형

③ 둔각삼각형 : 한 각이 둔각인 삼각형

바름로 확인 »

01 다음 중에서 이등변삼각형이 <u>아닌</u> 것은?

① 두 변의 길이가 같은 삼각형

② 두 각의 크기가 같은 삼각형

③ 세 변의 길이가 모두 같은 삼각형

④ 세 변의 길이가 각각 다른 삼각형

01 ④

기출

02 다음 이등변삼각형에서 □ 안에 알맞은 수는?

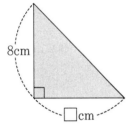

① 8

② 10

③ 12

④ 14

02 ①

기출

03 그림에서 직각삼각형의 개수는?

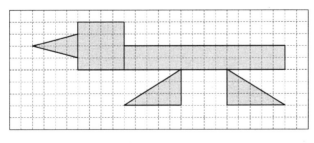

① 2

② 3

③ 4

④ 5

03 ①

2 사각형 중요⁺

(1) 수직과 평행

① 수직과 수선

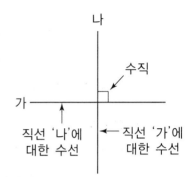

㉠ 수직 : 두 직선이 만나서 이루는 각이 직각일 때, 두 직선은 서로 '수직'이라고 한다.

㉡ 수선 : 두 직선이 서로 수직으로 만났을 때, 한 직선을 다른 직선에 대한 '수선'이라고 한다.

② 평행과 평행선

㉠ 평행 : 한 직선에 수직인 두 직선을 그었을 때, 그 두 직선은 서로 만나지 않는다. 이와 같이 서로 만나지 않는 두 직선을 '평행' 하다고 한다.

㉡ 평행선 : 평행인 두 직선을 '평행선'이라고 한다.

㉢ 평행선 사이의 거리 : 평행선의 한 직선에서 다른 직선에 수선을 그었을 때, 이 수선 의 길이를 '평행선 사이의 거리'라고 한다.

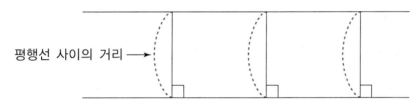

평행선 사이의 거리 →

바로로 확인 ▶▶

기출

01 그림의 직선 가와 직선 나는 서로 평행이다. 평행선 사이의 거리를 나타내는 선분은?

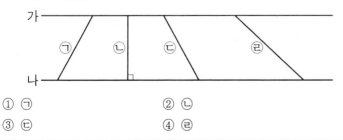

① ㉠
② ㉡
③ ㉢
④ ㉣

01 ②

평행선의 한 직선에서 다른 직선에 수선을 그었을 때, 이 수선의 길이를 '평행선 사이의 거리'라고 한다.

(2) 직사각형과 정사각형

① 직사각형

ㄱ 네 각이 모두 직각이다.

ㄴ 마주 보는 두 변의 길이가 같다.

ㄷ 마주 보는 두 쌍의 변이 서로 평행한다.

② 정사각형

ㄱ 네 각이 모두 직각이다.

ㄴ 네 변의 길이가 모두 같다.

ㄷ 마주 보는 두 쌍의 변이 서로 평행한다.

③ 직사각형과 정사각형의 관계

ㄱ 정사각형은 네 각이 모두 직각이므로 직사각형이라고 할 수 있다.

ㄴ 직사각형은 네 변의 길이가 모두 같지 않은 것도 있으므로 정사각형이라고 할 수 없다.

(3) 사다리꼴

① 평행한 변이 한 쌍이라도 있는 사각형이다.

② 마주 보는 한 쌍의 변이 서로 평행한 사각형이 사다리꼴이므로 마주 보는 두 쌍의 변이 서로 평행한 사각형도 사다리꼴이라고 할 수 있다.

③ 여러 가지 모양의 사다리꼴

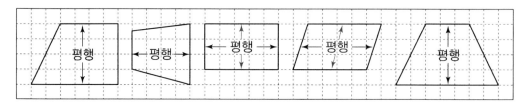

(4) 평행사변형

① 마주 보는 두 쌍의 변이 서로 평행인 사각형이다.

② 평행사변형의 성질

ㄱ 마주 보는 두 변의 길이가 같다.

ㄴ 마주 보는 두 각의 크기가 같다.

ㄷ 이웃하는 두 각의 크기의 합이 180°이다.

ㄹ 평행사변형은 평행한 변이 있으므로 사다리꼴이다.

(5) 마름모

① 네 변의 길이가 모두 같은 사각형이다.

② 마름모의 성질

ㄱ 마주 보는 두 쌍의 변이 서로 평행한다.

ㄴ 네 변의 길이가 모두 같다.

ㄷ 마주 보는 두 각의 크기가 같다.

ㄹ 이웃하는 두 각의 크기의 합이 180°이다.

③ 마름모와 평행사변형, 사다리꼴의 관계

ㄱ 마름모는 마주 보는 두 쌍의 변이 서로 평행하므로 평행사변형이다.

ㄴ 마름모는 평행한 변이 있으므로 사다리꼴이다.

(6) 여러 가지 사각형의 성질

① 마주 보는 두 쌍의 변이 서로 평행한다. ➜ 평행사변형, 마름모, 직사각형, 정사각형

② 네 각이 모두 직각이다. ➜ 직사각형, 정사각형

③ 네 변의 길이가 모두 같다. ➜ 마름모, 정사각형

④ 네 각이 모두 직각이고 네 변의 길이가 모두 같다. ➜ 정사각형

⑤ 여러 가지 사각형의 관계

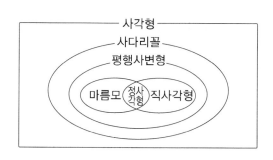

01 정사각형 ㄱㄴㄷㄹ에서 선분 ㄴㄷ의 길이는?

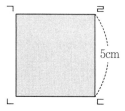

① 4cm
② 5cm
③ 6cm
④ 7cm

01 ②
정사각형은 네 변의 길이가
모두 같으므로 선분 ㄴㄷ의
길이는 5cm이다.

02 다음 도형을 보고, ☐ 안에 알맞은 말이나 기호를 써넣으시오.

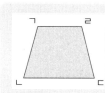

사각형 ㄱㄴㄷㄹ은 변 ☐ 과 변 ☐ 이
서로 평행이고, 마주 보는 한 쌍의 변이 서로
평행하므로 ☐ 이다.

02 ㄱㄹ, ㄴㄷ, 사다리꼴

03 다음 평행사변형의 ☐ 안에 들어갈 알맞은 수는?

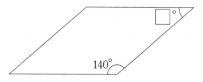

① 40
② 80
③ 120
④ 140

03 ①
평행사변형은 이웃하는 두 각
의 크기의 합이 180°이다.
180° − 140° = 40°

04 마름모에 대한 설명으로 옳지 <u>않은</u> 것은?

① 네 변의 길이가 모두 같다.
② 네 각의 크기의 합은 360°이다.
③ 마주 보는 두 각의 크기가 다르다.
④ 마주 보는 두 쌍의 변이 서로 평행하다.

04 ③

3 다각형

(1) 다각형

① 다각형 : 선분으로만 둘러싸인 도형

② 다각형의 이름 : 다각형은 변의 수에 따라 변이 5개이면 오각형, 변이 6개이면 육각형, 변이 7개이면 칠각형, 변이 8개이면 팔각형이라고 부른다.

(2) 정다각형

① 정다각형 : 변의 길이가 모두 같고, 각의 크기도 모두 같은 다각형

② 정다각형의 이름 : 정다각형은 변의 수에 따라 변이 3개이면 정삼각형, 변이 4개이면 정사각형, 변이 5개이면 정오각형, 변이 6개이면 정육각형이라고 부른다.

(3) 대각선

① 대각선 : 다각형에서 선분 ㄱㄷ, 선분 ㄴㄹ과 같이 서로 이웃하지 않는 두 꼭짓점을 이은 선분

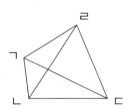

② 사각형의 대각선의 성질

　㉠ 두 대각선의 길이가 같은 사각형 : 직사각형, 정사각형

　㉡ 두 대각선이 서로 수직으로 만나는 사각형 : 마름모, 정사각형

　㉢ 한 대각선이 다른 대각선을 똑같이 둘로 나누는 사각형 : 평행사변형, 마름모, 직사각형, 정사각형

4 원

(1) 원의 중심, 반지름, 지름

① 원의 중심 : 원의 중심은 원의 한가운데에 있다.

② 원의 반지름

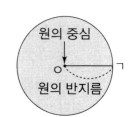

㉠ 원의 중심 ㅇ과 원 위의 한 점을 이은 선분 ㄱㅇ을 '원의 반지름'이라고 한다.

㉡ 한 원에서 반지름은 수없이 많이 그을 수 있으며, 그 길이는 모두 같다.

③ 원의 지름

㉠ 원의 중심 ㅇ를 지나는 선분 ㄱㄴ을 '원의 지름'이라고 한다.

㉡ 한 원에서 지름은 수없이 많이 그을 수 있으며, 그 길이는 모두 같다.

㉢ 원의 지름은 항상 원의 중심을 지난다.

㉣ 한 원에서 지름은 반지름의 2배이다.

㉤ 원 위의 두 점을 이은 선분 중 가장 길이가 긴 선분은 원의 지름이다.

(2) 원 그리기

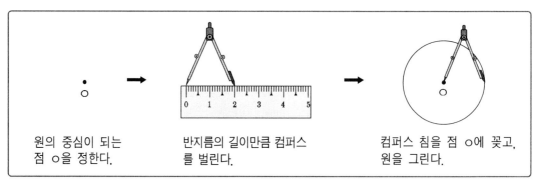

원의 중심이 되는 점 ㅇ을 정한다. | 반지름의 길이만큼 컴퍼스를 벌린다. | 컴퍼스 침을 점 ㅇ에 꽂고, 원을 그린다.

5 다각형의 둘레와 넓이 중요⁺

(1) 다각형의 둘레

① 정다각형의 둘레 : 정다각형의 각 변의 길이는 모두 같기 때문에 둘레는 한 변의 길이에 변의 수를 곱하면 된다.

> (정다각형의 둘레)=(한 변의 길이)×(변의 수)

② 사각형의 둘레

㉠ 직사각형의 둘레

> (직사각형의 둘레)=(가로)×2 + (세로)×2 = {(가로)+(세로)}×2

㉡ 평행사변형의 둘레

> (평행사변형의 둘레)=(한 변의 길이)×2+(다른 한 변의 길이)×2
> = {(한 변의 길이)+(다른 한 변의 길이)}×2

㉢ 마름모의 둘레

> (마름모의 둘레)=(한 변의 길이)×4

바로로 확인 ▶▶

기출

01 다음 직사각형의 둘레의 길이는?

3cm
5cm

① 15cm
② 16cm
③ 17cm
④ 18cm

01 ②
$5×2+3×2=16(cm)$

(2) 다각형의 넓이

① 넓이의 단위

㉠ 1cm² : 한 변의 길이가 1cm인 정사각형의 넓이를 '1cm²'라 쓰고, '1 제곱센티미터'라고 읽는다.

㉡ 1m² : 한 변의 길이가 1m인 정사각형의 넓이를 '1m²'라 쓰고, '1 제곱미터'라고 읽는다.

㉢ 1km² : 한 변의 길이가 1km인 정사각형의 넓이를 '1km²'라 쓰고, '1 제곱킬로미터'라고 읽는다.

② 직사각형과 정사각형의 넓이

㉠ 직사각형의 넓이

$$(직사각형의 \ 넓이) = (가로) \times (세로)$$

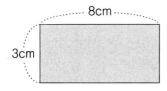

$(직사각형의 \ 넓이) = 8 \times 3 = 24(cm^2)$

㉡ 정사각형의 넓이

$$(정사각형의 \ 넓이) = (가로) \times (세로) = (한 \ 변의 \ 길이) \times (한 \ 변의 \ 길이)$$

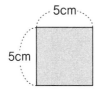

$(정사각형의 \ 넓이) = 5 \times 5 = 25(cm^2)$

③ 평행사변형의 넓이

㉠ 평행사변형의 밑변과 높이 : 평행사변형에서 평행한 두 변을 '밑변'이라 하고, 두 밑변 사이의 거리를 '높이'라고 한다.

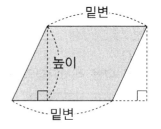

ⓛ 평행사변형의 넓이

> (평행사변형의 넓이)=(밑변의 길이)×(높이)

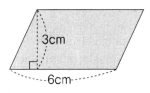

(평행사변형의 넓이)=6×3=18(cm^2)

④ 삼각형의 넓이

ⓐ 삼각형의 밑변과 높이 : 삼각형에서 어느 한 변을 '밑변'이라고 하면, 그 밑변과 마주 보는 꼭짓점에서 밑변에 수직으로 그은 선분의 길이를 '높이'라고 한다.

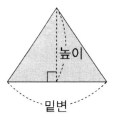

ⓑ 삼각형의 넓이

> (삼각형의 넓이)=(밑변의 길이)×(높이)÷2

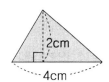

(삼각형의 넓이)=4×2÷2=4(cm^2)

⑤ 마름모의 넓이

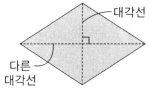

> (마름모의 넓이)
> =(한 대각선의 길이)×(다른 대각선의 길이)÷2

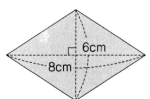

(마름모의 넓이)=6×8÷2=24(cm^2)

⑥ 사다리꼴의 넓이

    ㉠ 사다리꼴의 밑변과 높이 : 사다리꼴에서 평행한 두 변을 '밑변'이라 하고, 한 밑변을 '윗변', 다른 밑변을 '아랫변'이라 고 한다. 이때 두 밑변 사이의 거리를 '높이'라고 한다.

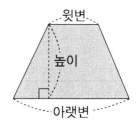

    ㉡ 사다리꼴의 넓이

$$(\text{사다리꼴의 넓이}) = \{(\text{윗변의 길이}) + (\text{아랫변의 길이})\} \times (\text{높이}) \div 2$$

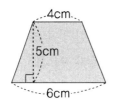

$$(\text{사다리꼴의 넓이}) = (4+6) \times 5 \div 2 = 25(\text{cm}^2)$$

01 다음 평행사변형의 넓이는?

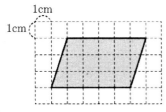

① 15cm^2
② 18cm^2
③ 21cm^2
④ 24cm^2

02 다음 도형의 넓이는?

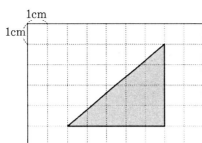

① 10cm^2
② 12cm^2
③ 14cm^2
④ 16cm^2

01 ①
    $5 \times 3 = 15(\text{cm}^2)$

02 ①
    $5 \times 4 \div 2 = 10(\text{cm}^2)$

6 원주율과 원의 넓이

(1) 원주와 원주율

① 원주 : 원의 둘레

② 원주율 : 원의 지름에 대한 원주의 비율 ⟶ (원주율)＝(원주)÷(지름) → 3.14

③ 원주 구하기

$$(원주)＝(지름)×(원주율)＝(지름)×3.14＝(반지름)×2×3.14$$

(2) 원의 넓이

$$(원의 넓이)＝(반지름)×(반지름)×(원주율)＝(반지름)×(반지름)×3.14$$

① 반지름이 주어진 원의 넓이

$$(원의 넓이)＝2×2×3.14＝12.56(cm^2)$$

② 지름이 주어진 원의 넓이

(반지름)＝(지름)÷2로 반지름을 구한 후 원의 넓이를 구한다.

$$(원의 넓이)＝3×3×3.14＝28.26(cm^2)$$

01 길이가 30cm인 철사를 겹치지 않게 이어 붙여서 원을 만들었다. 만들어진 원의 원주는?

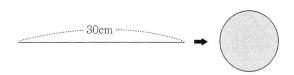

① 20cm ② 30cm
③ 40cm ④ 50cm

01 ②

원주는 원의 둘레와 같다. 길이가 30cm인 철사를 겹치지 않게 이어 붙여서 원을 만들었으므로 원의 둘레는 30cm이다.

02 다음은 원을 한없이 잘라 이어 붙여서 직사각형을 만드는 과정이다. □ 안에 들어갈 알맞은 수는? (원주율 : 3)

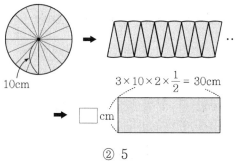

$3 \times 10 \times 2 \times \frac{1}{2} = 30cm$

① 3 ② 5
③ 6 ④ 10

02 ④

원을 한없이 잘라 이어 붙이면 점점 직사각형이 되므로 원의 넓이는 직사각형의 넓이와 같다. 점점 직사각형에 가까워지는 도형의 가로는 원의 (원주)$\times \frac{1}{2}$, 세로는 원의 반지름과 같다.

03 다음 원의 넓이를 구하는 식이 바른 것은?

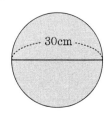

30cm

① $15 \times 15 \times 3.14$
② $30 \times 15 \times 3.14$
③ $30 \times 30 \times 3.14$
④ $15 \times 15 \times 30 \times 3.14$

03 ①

7 평면도형의 이동

(1) 평면도형을 밀기

도형을 밀면 도형의 모양과 크기는 변하지 않고 위치만 바뀐다.

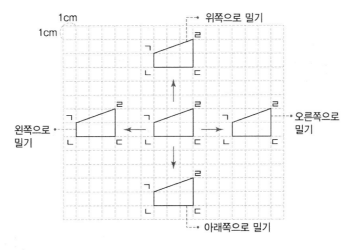

(2) 평면도형을 뒤집기

도형을 오른쪽이나 왼쪽으로 뒤집으면 도형의 오른쪽과 왼쪽이 서로 바뀌고, 위쪽이나 아래쪽으로 뒤집으면 도형의 위쪽과 아래쪽이 서로 바뀐다.

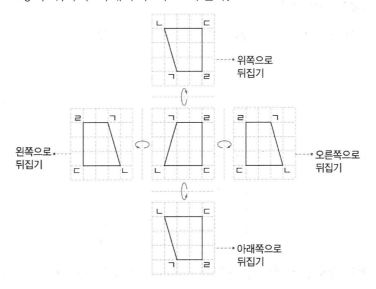

(3) 평면도형을 돌리기

도형을 돌리는 각도에 따라 도형의 방향이 바뀐다.

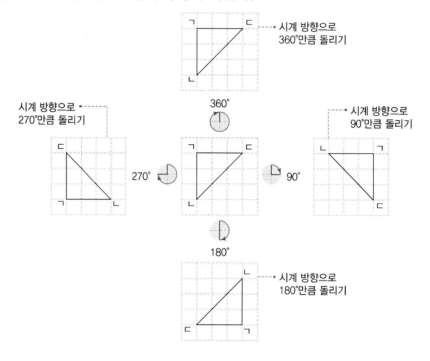

(4) 평면도형을 뒤집고 돌리기

① 도형을 오른쪽으로 뒤집고 시계 방향으로 90°만큼 돌리기

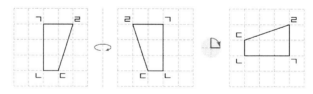

② 도형을 시계 방향으로 90°만큼 돌리고 오른쪽으로 뒤집기

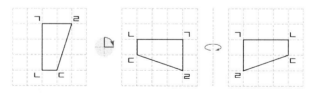

→ 도형을 움직인 방법이 같더라도 그 순서가 다르면 서로 다를 수 있다.

(5) 무늬 만들기

① **밀기로 무늬 만들기** : 어느 방향으로 밀어도 모양이 변하지 않으므로 같은 모양이 반복되는 무늬가 만들어진다.

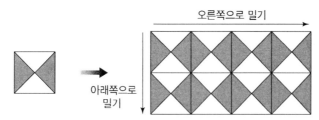

② **뒤집기로 무늬 만들기** : 뒤집는 방향에 따라 모양의 오른쪽과 왼쪽 또는 위쪽과 아래쪽이 서로 바뀌면서 무늬가 만들어진다.

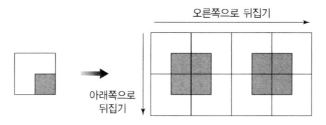

③ **돌리기로 무늬 만들기** : 돌리는 방향에 따라 여러 가지 무늬를 만들 수 있다.

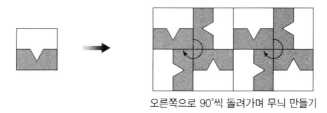

오른쪽으로 90°씩 돌려가며 무늬 만들기

바로로 확인

기출
01 다음 글자를 시계 방향으로 90°만큼 돌린 것은?

| 숲 |

① 숲
② ㅄ
③ 포
④ 숌

01 ②

03 도형의 합동과 대칭

1 도형의 합동

(1) 도형의 합동
모양과 크기가 같아서 포개었을 때 완전히 겹치는 두 도형을 서로 '합동'이라고 한다.

(2) 합동인 두 도형의 성질
① 서로 합동인 두 도형을 포개었을 때 완전히 겹치는 점을 '대응점', 겹치는 변을 '대응변', 겹치는 각을 '대응각'이라고 한다.

② 합동인 두 도형의 성질 : 각각의 대응변의 길이가 서로 같고, 각각의 대응각의 크기가 서로 같다.

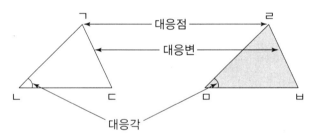

대응점	대응변	대응각
점 ㄱ과 점 ㄹ	변 ㄱㄴ과 변 ㄹㅁ	각 ㄱㄴㄷ과 각 ㄹㅁㅂ
점 ㄴ과 점 ㅁ	변 ㄴㄷ과 변 ㅁㅂ	각 ㄴㄷㄱ과 각 ㅁㅂㄹ
점 ㄷ과 점 ㅂ	변 ㄷㄱ과 변 ㅂㄹ	각 ㄷㄱㄴ과 각 ㅂㄹㅁ

바로로 확인

기출
01 다음 중 두 도형이 서로 합동인 것은?

①
②
③
④

01 ①

2 도형의 대칭 중요+

(1) 선대칭도형

① 선대칭도형

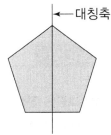

⊙ 한 직선을 따라 접었을 때 완전히 겹치는 도형을 '선대칭 도형'이라고 하며, 이때 그 직선을 '대칭축'이라고 한다.

⊙ 대칭축을 따라 접었을 때 겹치는 점을 '대응점', 겹치는 변을 '대응변', 겹치는 각을 '대응각'이라고 한다.

② 선대칭도형의 성질

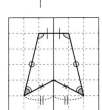

⊙ 각각의 대응변의 길이와 대응각의 크기는 서로 같다.

⊙ 대응점끼리 이은 선분은 대칭축과 수직으로 만난다.

⊙ 대칭축은 대응점끼리 이은 선분을 둘로 똑같이 나누므로 각각의 대응점에서 대칭축까지의 거리는 서로 같다.

(2) 점대칭도형

① 점대칭도형

⊙ 한 도형을 어떤 점을 중심으로 180° 돌렸을 때 처음 도형과 완전히 겹치면 이 도형을 '점대칭도형'이라고 하며, 이때 그 점을 '대칭의 중심'이라고 한다.

⊙ 대칭의 중심을 중심으로 180° 돌렸을 때 겹치는 점을 '대응점', 겹치는 변을 '대응변', 겹치는 각을 '대응각'이라고 한다.

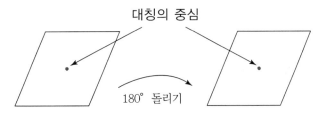

② 점대칭도형의 성질

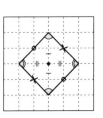

⊙ 각각의 대응변의 길이와 대응각의 크기는 서로 같다.

⊙ 대칭의 중심은 대응점끼리 이은 선분을 둘로 똑같이 나누므로 각각의 대응점에서 대칭의 중심까지의 거리는 서로 같다.

바릅로 확인 ▶▶

기출
01 그림은 선분 ㅅㅇ을 대칭축으로 하는 선대칭도형이다. 이 도형을 대칭축 ㅅㅇ을 따라 접었을 때, 점 ㄴ과 만나는 대응점은?

01 ④

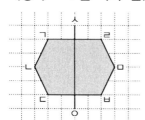

① 점 ㄱ
② 점 ㄷ
③ 점 ㄹ
④ 점 ㅁ

02 다음은 선분 ㅋㅌ을 대칭축으로 하는 선대칭도형이다. 변 ㅂㅅ의 길이는?

02 ①
선대칭도형은 각각의 대응변의 길이와 대응각의 크기가 서로 같다. 변 ㅂㅅ은 변 ㄴㄷ의 대응변이므로 길이는 2cm이다.

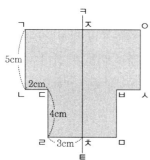

① 2cm
② 3cm
③ 4cm
④ 5cm

03 다음 중 점대칭 도형이 <u>아닌</u> 것은?

03 ①

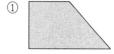
①

②

③

④

04 입체도형

1 직육면체와 정육면체 중요⁺

(1) 구성 요소

① 면 : 선분으로 둘러싸인 부분

② 모서리 : 면과 면이 만나는 선분

③ 꼭짓점 : 모서리와 모서리가 만나는 점

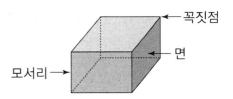

(2) 직육면체와 정육면체

① 직육면체 : 직사각형 6개로 둘러싸인 도형

② 정육면체 : 정사각형 6개로 둘러싸인 도형

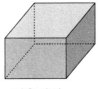

직육면체

정육면체

③ 직육면체와 정육면체의 비교

구분	같은 점			다른 점	
	면의 수	모서리의 수	꼭짓점의 수	면의 모양	모서리의 길이
직육면체	6개	12개	8개	직사각형	서로 다르다.
정육면체	6개	12개	8개	정사각형	모두 같다.

④ 정육면체를 직육면체라고 할 수 있다.

(3) 직육면체의 면

① 직육면체에서 평행한 면

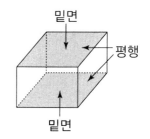

ⓐ 오른쪽 그림과 같이 직육면체에서 색칠한 두 면처럼 계속 늘여도 만나지 않는 두 면을 서로 평행하다고 하고, 평행인 이 두 면을 직육면체의 '밑면'이라고 한다.

ⓑ 직육면체에는 서로 평행한 면은 3쌍이 있고, 이 평행한 면은 각각 밑면이 될 수 있다.

② 직육면체에서 수직인 면

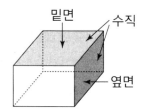

ⓐ 오른쪽 그림과 같이 직육면체에서 색칠한 두 면처럼 직각으로 만나는 두 면을 서로 수직이라고 하고, 직육면체에서 밑면과 수직인 면을 직육면체의 '옆면'이라고 한다.

ⓑ 직육면체에서 만나는 면은 수직이고, 한 면과 수직으로 만나는 면은 모두 4개이다.

(4) 직육면체의 겨냥도

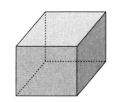

오른쪽 그림과 같이 보이는 모서리는 실선으로, 보이지 않는 모서리는 점선으로 그려서 직육면체 모양을 잘 알 수 있도록 나타낸 그림을 직육면체의 '겨냥도'라고 한다.

(5) 직육면체의 전개도

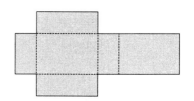

① 오른쪽 그림은 직육면체를 펼쳐서 잘린 모서리는 실선으로, 잘리지 않은 모서리는 점선으로 나타낸 것이다. 이와 같이 직육면체의 모서리를 잘라서 펼친 그림을 직육면체의 '전개도'라고 한다.

② 직육면체의 전개도에서 면 사이의 관계

ⓐ 어떤 면과 평행한 면 : 한 면을 건너뛴 다음에 있는 면이다.

ⓑ 어떤 면과 수직인 면 : 어떤 면과 평행한 면을 제외한 나머지 면이다.

바르고 확인 ≫

01 다음에서 직육면체를 모두 고르시오.

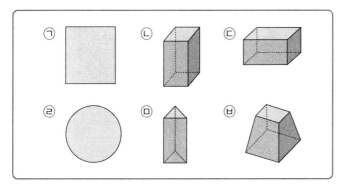

01 ㉡, ㉢

기출

02 그림의 직육면체에서 색칠한 면 ㅁㅂㅅㅇ과 수직인 면이 <u>아닌</u> 것은?

02 ①

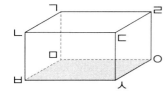

① 면 ㄱㄴㄷㄹ
② 면 ㄱㅁㅇㄹ
③ 면 ㄴㅂㅁㄱ
④ 면 ㄷㅅㅇㄹ

기출

03 그림의 전개도를 접어 직육면체를 만들었을 때, 면 가와 평행한 면은?

03 ④

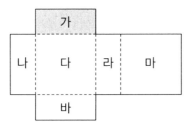

① 면 다   ② 면 라
③ 면 마   ④ 면 바

2 각기둥과 각뿔 중요⁺

(1) 각기둥

① 각기둥 : 위와 아래에 있는 면이 서로 평행하고 합동인 다각형으로 이루어진 기둥 모양의 입체도형

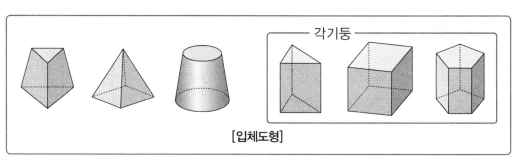

[입체도형]

② 각기둥의 구성 요소

    ㉠ 밑면 : 서로 평행하고 합동인 두 면

    ㉡ 옆면 : 두 밑면과 만나는 면

    ㉢ 모서리 : 면과 면이 만나는 선분

    ㉣ 꼭짓점 : 모서리와 모서리가 만나는 점

    ㉤ 높이 : 두 밑면 사이의 거리

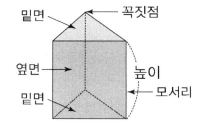

③ 각기둥의 면의 특징

    ㉠ 두 밑면은 나머지 면들과 모두 수직으로 만난다.

    ㉡ 옆면은 모두 직사각형이다.

④ 각기둥의 이름

각기둥은 밑면의 모양에 따라 삼각기둥, 사각기둥, 오각기둥, 육각기둥, … 이라고 한다.

⑤ 각기둥의 꼭짓점, 면, 모서리의 수

    ㉠ (꼭짓점의 수)=(한 밑면의 변의 수)×2

    ㉡ (면의 수)=(한 밑면의 변의 수)+2

    ㉢ (모서리의 수)=(한 밑면의 변의 수)×3

⑥ 각기둥의 전개도

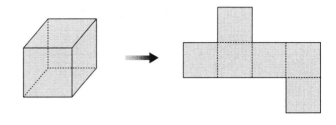

㉠ 각기둥의 모서리를 잘라서 평면 위에 펼쳐 놓은 그림을 각기둥의 '전개도'라고 한다.

㉡ 각기둥의 전개도의 특징

ⓐ 두 밑면은 서로 합동인 다각형이고, 접었을 때 서로 평행한다.

ⓑ 옆면은 모두 직사각형이다.

ⓒ 전개도를 접었을 때 맞닿는 선분의 길이는 같다.

(2) 각뿔

① **각뿔** : 밑면이 다각형이고 옆면이 모두 삼각형인 입체도형

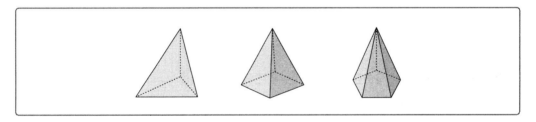

② **각뿔의 구성 요소**

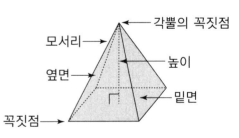

㉠ 밑면 : 밑에 있는 면

㉡ 옆면 : 옆으로 둘러싸인 면

㉢ 모서리 : 면과 면이 만나는 선분

㉣ 꼭짓점 : 모서리와 모서리가 만나는 점

㉤ 각뿔의 꼭짓점 : 옆면을 이루는 모든 삼각형이 공통으로 만나는 점

㉥ 높이 : 각뿔의 꼭짓점에서 밑면에 수직인 선분의 길이

③ **각뿔의 이름**

각뿔은 밑면의 모양에 따라 삼각뿔, 사각뿔, 오각뿔, 육각뿔, … 이라고 한다.

④ 각뿔의 꼭짓점, 면, 모서리의 수

　　㉠ (꼭짓점의 수)=(밑면의 변의 수)+1

　　㉡ (면의 수)=(밑면의 변의 수)+1

　　㉢ (모서리의 수)=(밑변의 변의 수)×2

바로로 확인 ▸▸

01 각기둥과 각뿔을 각각 모두 찾아 기호를 쓰시오.

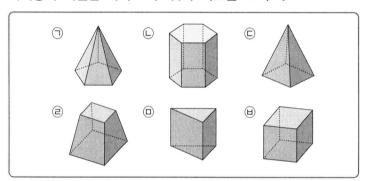

기출

02 표는 각기둥에서 꼭짓점의 수와 한 밑면의 변의 수를 나타낸 것이다. ㉠에 들어갈 수는?

구성 요소 \ 각기둥	삼각기둥	사각기둥	오각기둥
한 밑면의 변의 수(개)	3	4	5
꼭짓점의 수(개)	6	㉠	10

① 6　　　　　　　　　② 7

③ 8　　　　　　　　　④ 9

기출

03 그림과 같은 오각뿔에 대한 설명으로 옳지 <u>않은</u> 것은?

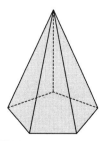

① 밑면은 1개이다.

② 옆면은 6개이다.

③ 꼭짓점은 6개이다.

④ 모서리는 10개이다.

01 각기둥 : ㉡, ㉤, ㉥
　　각뿔 : ㉠, ㉢

02 ③
각기둥에서 꼭짓점의 수는 한 밑면의 변의 수의 2배이므로 ㉠에 들어갈 수는 8이다.

03 ②
오각뿔의 옆면은 5개이다.

3 원기둥, 원뿔, 구

(1) 원기둥 중요⁺

① 원기둥 : 두 면이 서로 평행하고 합동인 원으로 된 기둥 모양의 입체도형

② 원기둥의 구성 요소

ㄱ 밑면 : 서로 평행하고 합동인 두 면

ㄴ 옆면 : 두 밑면과 만나는 면

ㄷ 높이 : 두 밑면에 수직인 선분의 길이

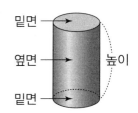

③ 원기둥의 전개도 : 원기둥을 잘라서 펼쳐 놓은 그림을 원기둥의 '전개도'라고 한다.

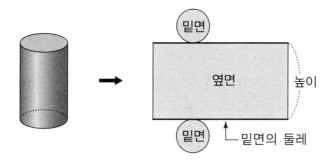

(2) 원뿔 중요⁺

① 원뿔 : 평평한 면이 원이고 옆을 둘러싼 면이 굽은 면인 뿔 모양의 입체도형

② 원뿔의 구성 요소

ㄱ 밑면 : 평평한 면

ㄴ 옆면 : 옆을 둘러싼 굽은 면

ㄷ 원뿔의 꼭짓점 : 뾰족한 부분의 점

ㄹ 모선 : 원뿔의 꼭짓점과 밑면인 원의 둘레의 한 점을 이은 선분

ㅁ 높이 : 원뿔의 꼭짓점에서 밑면에 수직인 선분의 길이

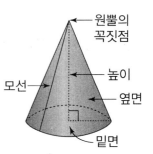

(3) 구

① 구 : 반원 모양의 종이를 지름을 기준으로 돌렸을 때 만들어지는 입체도형

② 구의 구성 요소

    ㉠ 구의 중심 : 구에서 가장 안쪽에 있는 점

    ㉡ 구의 반지름 : 구의 중심에서 구의 겉면의 한 점을 이은 선분

③ 구의 특징

    ㉠ 어느 방향에서 보아도 모양이 모두 원이다.

    ㉡ 한 구에서 구의 반지름은 모두 같고 무수히 많다.

    ㉢ 구를 반으로 자른 면은 구와 반지름이 같은 원이다.

바름로 확인 ▶▶

기출
01 다음 그림은 어떤 입체도형의 전개도인가?

① 삼각기둥
② 사각기둥
③ 오각기둥
④ 원기둥

01 ④

기출
02 다음은 색칠한 면이 원인 입체도형이다. 원뿔인 것은?

①　　　　　　②

③　　　　　　④

02 ④

4 공간과 입체

(1) 쌓기나무의 개수

① 쌓기나무의 개수를 정확히 알기

가

나

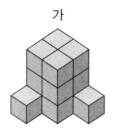

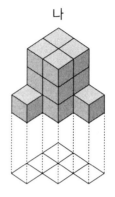

'나' 그림과 같이 쌓기나무 모양 그림 아래에 그려진 그림이 있으면 쌓기나무의 개수를 정확히 알 수 있다.

② 쌓기나무의 개수를 구하는 방법

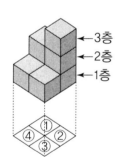

방법1 각 자리에 쌓은 쌓기나무의 개수를 구한 후 더한다.

자리	①	②	③	④
쌓기나무의 개수	2개	3개	1개	1개

(쌓기나무의 개수) = 2 + 3 + 1 + 1 = 7(개)

방법2 각 층에 쌓은 쌓기나무의 개수를 구한 후 더한다.

층	1층	2층	3층
쌓기나무의 개수	4개	2개	1개

(쌓기나무의 개수) = 4 + 2 + 1 = 7(개)

(2) 쌓기나무로 만든 것의 위, 앞, 옆에서 본 모양

① 쌓기나무로 만든 것의 위, 앞, 옆에서 본 모양 그리기

ㄱ 위에서 본 모양 : 1층에 쌓은 쌓기나무 모양과 같다.

ㄴ 앞, 옆에서 본 모양 : 각 방향에서 각 줄의 가장 높은 층의 모양과 같다.

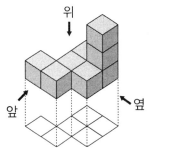 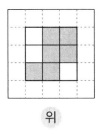 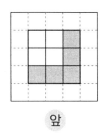 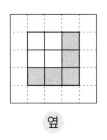

② 위에서 본 모양을 보고 앞, 옆에서 본 모양 그리기

각 칸에 있는 숫자는 그 칸 위에 쌓아 올린 쌓기나무의 개수이다. 위에서 본 모양을 보고 앞, 옆에서 본 모양은 각 줄에서 가장 큰 수만큼 칸을 색칠한다.

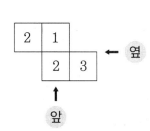 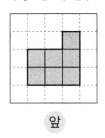 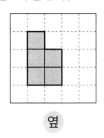

바로로 **확인** ▶▶

기출
01 쌓기나무 9개를 그림과 같이 쌓았을 때, 위에서 본 모양은?

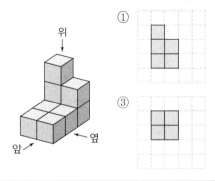

01 ④
그림과 같이 쌓기나무를 쌓았을 때 9개를 쌓았어도 위에서 보았을 때는 가장 위에 놓인 6개의 쌓기나무만 보이게 되므로 ④와 같은 모양으로 보인다.

5 직육면체와 정육면체의 부피와 겉넓이

(1) 직육면체와 정육면체의 부피 **중요⁺**

① 부피의 단위 : 부피를 나타낼 때 한 모서리의 길이가 1cm인 정육면체의 부피를 단위로 사용할 수 있다. 이 정육면체의 부피를 '1cm³'라 쓰고, '1 세제곱센티미터'라고 읽는다.

② 직육면체의 부피

> (직육면체의 부피) = (가로) × (세로) × (높이) = (밑면의 넓이) × (높이)

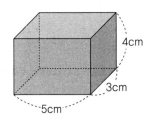

(직육면체의 부피) = $5 \times 3 \times 4 = 60(cm^3)$

③ 정육면체의 부피

> (정육면체의 부피) = (한 모서리의 길이) × (한 모서리의 길이) × (한 모서리의 길이)

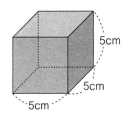

(정육면체의 부피) = $5 \times 5 \times 5 = 125(cm^3)$

④ 부피의 큰 단위 : 부피를 나타낼 때 한 모서리의 길이가 1m인 정육면체의 부피를 단위로 사용할 수 있다. 이 정육면체의 부피를 '1m³'라 쓰고, '1 세제곱미터'라고 읽는다.

→ $1m^3 = 1000000cm^3$

(2) 직육면체와 정육면체의 겉넓이

① 직육면체의 겉넓이 구하는 방법

> **방법1** (직육면체의 겉넓이)＝(여섯 면의 넓이의 합)
> **방법2** (직육면체의 겉넓이)＝(한 꼭짓점에서 만나는 세 면의 넓이의 합)×2
> **방법3** (직육면체의 겉넓이)＝(한 밑면의 넓이)×2＋(옆면의 넓이)
> ❖ 옆면의 넓이＝(한 밑면의 둘레)×(높이)

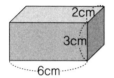

방법1 (직육면체의 겉넓이)＝(6×2)＋(2×3)＋(6×3)＋(6×2)
$$+(2×3)+(6×3)$$
$$=72(cm^2)$$
방법2 (직육면체의 겉넓이)＝{(6×2)＋(2×3)＋(6×3)}×2
$$=72(cm^2)$$
방법3 (직육면체의 겉넓이)＝(6×2)×2＋(6＋2＋6＋2)×3
$$=72(cm^2)$$

② 정육면체의 겉넓이 구하는 방법

> (정육면체의 겉넓이)＝(한 모서리의 길이)×(한 모서리의 길이)×6

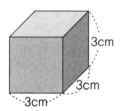

(정육면체의 겉넓이)＝3×3×6＝54(cm^2)

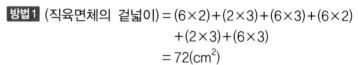

01 한 면의 넓이가 4cm^2인 정육면체의 겉넓이는?

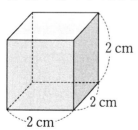

① 12cm^2
② 16cm^2
③ 20cm^2
④ 24cm^2

01 ④
$$4×6=24(cm^2)$$

01 □ 안에 공통으로 들어갈 수는?

- 직각은 [　]°이다.
- 1°는 직각을 똑같이 [　]으로 나눈 것 중 하나이다.

① 30 　　　 ② 60

③ 90 　　　 ④ 180

02 다음 중 예각은 어느 것인가?

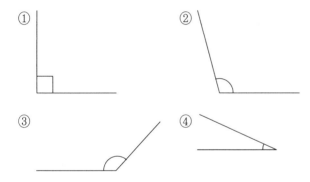

03 □ 안에 알맞은 수는?

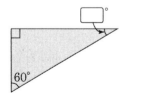

① 30

② 40

③ 50

④ 60

04 다음 이등변삼각형에서 변 ㄱㄴ의 길이는?

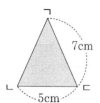

① 6cm
② 7cm
③ 8cm
④ 9cm

04

이등변삼각형은 두 변의 길이가 같은 삼각형이므로 변 ㄱㄴ의 길이는 변 ㄱㄷ의 길이와 같다. 그러므로 변 ㄱㄴ의 길이는 7cm이다.

05 그림에서 둔각삼각형은?

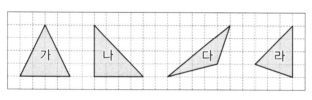

① 가
② 나
③ 다
④ 라

05

둔각삼각형은 한 각이 둔각인 삼각형이다. 그림에서는 '다'만 한 각의 크기가 90°보다 크므로 둔각삼각형이다.

06 두 직선이 서로 평행인 것은 어느 것인가?

①

②

③

④

06

한 직선에 수직인 두 직선을 그었을 때, 그 두 직선은 서로 만나지 않는다. 이와 같이 서로 만나지 않는 두 직선을 '평행' 하다고 한다.

07 다음 도형에서 직사각형은?

①

②

③

④

07

직사각형은 네 각이 모두 직각이며, 마주 보는 두 변의 길이가 같은 사각형이다.

ANSWER

04. ② **05.** ③ **06.** ④ **07.** ③

08 정사각형의 성질이 <u>아닌</u> 것은?

① 네 변의 길이가 같다.

② 네 각의 합은 270°이다.

③ 네 각이 모두 직각이다.

④ 마주 보는 변이 서로 평행하다.

08

사각형에서 네 각의 합은 항상 360°이다.

09 다음 도형 중에서 사다리꼴이 <u>아닌</u> 것은?

① ②

③ ④

09

①, ③, ④는 마주 보는 한 쌍의 변이 서로 평행이고, ②는 마주 보는 평행인 변이 없으므로 사다리꼴이 아닌 것은 ②이다.

10 다음 도형 중에서 다각형이 <u>아닌</u> 것은?

① ②

③ ④

10

원은 선분이 아닌 곡선으로 둘러싸여 있으므로 다각형이 아니다.

11 한 원에서 원의 반지름은 몇 개나 그을 수 있는가?

① 1개 ② 2개

③ 3개 ④ 무수히 많다.

11

한 원에서 반지름은 수없이 많이 그을 수 있으며, 그 길이는 모두 같다.

ANSWER

08. ② **09.** ② **10.** ③ **11.** ④

12 다음 정사각형의 둘레의 길이는 얼마인가?

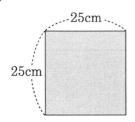

① 25cm

② 50cm

③ 75cm

④ 100cm

13 다음 중 정다각형의 둘레가 다른 하나는?

① 한 변의 길이가 8cm인 정팔각형

② 한 변의 길이가 10cm인 정육각형

③ 한 변의 길이가 12cm인 정오각형

④ 한 변의 길이가 15cm인 정사각형

14 다음 중 1cm²에 대한 설명으로 옳은 것은?

① 둘레가 1cm인 정사각형의 넓이

② 둘레가 1m인 정사각형의 넓이

③ 한 변의 길이가 1mm인 정사각형의 넓이

④ 한 변의 길이가 1cm인 정사각형의 넓이

15 다음 직각삼각형의 넓이는?

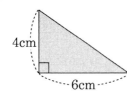

① 5cm²

② 10cm²

③ 12cm²

④ 24cm²

16 그림에서 도형의 넓이가 다른 하나는?

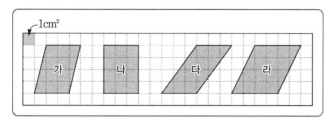

① 가   ② 나
③ 다   ④ 라

16
가, 나, 다의 넓이는 12cm²이고, 라의 넓이는 16cm²이다.

17 반지름이 5cm인 원의 넓이는 얼마인가?

① $5 \times 5 = 25\text{cm}^2$
② $5 \times 3.14 = 15.7\text{cm}^2$
③ $5 \times 2 \times 3.14 = 31.4\text{cm}^2$
④ $5 \times 5 \times 3.14 = 78.5\text{cm}^2$

17
원의 넓이 = (반지름) × (반지름) × 3.14

18 다음은 어떤 규칙을 이용하여 만든 무늬인가?

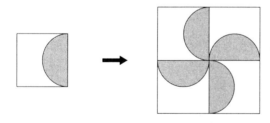

① 뒤집기   ② 돌리기
③ 옮기기   ④ 밀기

18
오른쪽으로 90°씩 돌려가며 만든 무늬이다.

A N S W E R
16. ④   **17.** ④   **18.** ②

19 다음 두 도형은 합동이다. 변 ㄷㄹ에 겹쳐지는 대응변은?

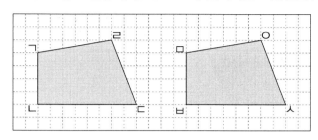

① 변 ㅁㅂ　　　② 변 ㅅㅇ
③ 변 ㅁㅇ　　　④ 변 ㅂㅅ

19

서로 합동인 두 도형을 포개었을 때 완전히 겹치는 변을 '대응변'이라고 한다.

20 다음 두 도형은 선대칭도형이다. 점 ㄴ에 겹쳐지는 대응점은?

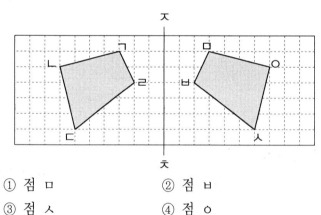

① 점 ㅁ　　　② 점 ㅂ
③ 점 ㅅ　　　④ 점 ㅇ

20

점 ㄱ의 대응점 → 점 ㅁ
점 ㄴ의 대응점 → 점 ㅇ
점 ㄷ의 대응점 → 점 ㅅ
점 ㄹ의 대응점 → 점 ㅂ

21 그림과 같은 직육면체의 특징을 바르게 설명한 것은 어느 것인가?

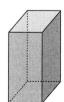

① 면이 6개이다.
② 꼭짓점이 12개이다.
③ 모서리의 길이가 모두 같다.
④ 정사각형으로 둘러싸여 있다.

21

② 꼭짓점이 8개이다.
③ 모서리의 길이는 서로 다르다.
④ 직사각형으로 둘러싸여 있다.

ANSWER

19. ②　**20.** ④　**21.** ①

22 직육면체의 겨냥도로 알맞은 것은?

①

②

③

④

23 다음 중 삼각기둥은 어느 것인가?

①

②

③

④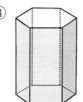

24 다음 사각기둥의 모서리 수는?

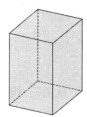

① 12개
② 6개
③ 4개
④ 2개

25 다음 각뿔에 대한 설명으로 바른 것은?

① 오각뿔이다.

② 면이 7개이다.

③ 밑면은 육각형이다.

④ 각뿔의 꼭짓점은 8개이다.

26 다음 원기둥의 전개도에서 옆면의 수는?

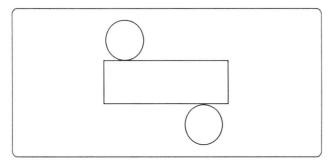

① 3개　　　　② 2개

③ 1개　　　　④ 무수히 많다.

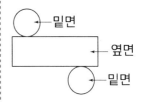
27 원뿔의 각 부분의 이름이다. 잘못 말한 것은?

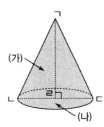

① (가) : 옆면

② (나) : 밑면

③ 선분 ㄱㄹ : 높이

④ 선분 ㄱㄴ : 모서리

28 쌓기나무를 쌓아서 다음과 같은 모양을 만들었다. 쌓기나무의 개수는?

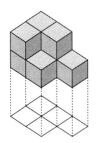

① 7개

② 8개

③ 9개

④ 10개

29 다음 직육면체의 부피를 구하는 방법은?

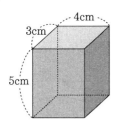

① $3cm \times 4cm \times 5cm$

② $(3cm + 4cm) \times 5cm$

③ $(3cm + 4cm + 5cm) \times 3cm$

④ $(6cm + 8cm) \times 5cm + 24cm^2$

30 다음 직육면체의 겉넓이는 얼마인가?

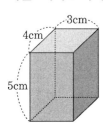

① $94cm^2$

② $70cm^2$

③ $60cm^2$

④ $47cm^2$

28

1층 쌓기나무의 개수 : 5개
2층 쌓기나무의 개수 : 3개
→ $5 + 3 = 8$(개)

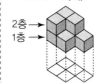

2층→
1층→

29

(직육면체의 부피)
= (가로)×(세로)×(높이)

30

(직육면체의 겉넓이)
= $(3 \times 4) \times 2 + (4 + 3 + 4 + 3) \times 5$
= 94(cm^2)

- **A N S W E R** -
28. ② **29.** ① **30.** ①

NOTE

Chapter 06

길이와 시간, 들이와 무게

Chapter

06 길이와 시간, 들이와 무게

학습 point⁺ 길이와 시간, 들이와 무게 각각 단위와 함께 각각의 덧셈과 뺄셈 방법에 대한 학습이 필요하다.

01 길이와 시간

1 길이

(1) 길이의 단위

① 1mm의 단위

㉠ 1cm를 10칸으로 똑같이 나누었을 때 작은 눈금 한 칸의 길이를 '1mm'라 쓰고, '1 밀리미터'라고 읽는다.

㉡ 1cm = 10mm

㉢ 8cm 3mm = 83mm ➔ '8 센티미터 3 밀리미터 또는 83 밀리미터'라고 읽는다.

② 1km의 단위

㉠ 1000m를 '1km'라 쓰고, '1 킬로미터'라고 읽는다.

㉡ 1km = 1000m

㉢ 3km 700m = 3700m ➔ '3 킬로미터 700 미터 또는 3700 미터'라고 읽는다.

(2) 길이의 덧셈과 뺄셈

① cm와 mm 길이의 덧셈과 뺄셈

ⓐ cm와 mm 길이의 덧셈

```
   15 cm  4 mm              14 cm  9 mm
 +  8 cm  2 mm            + 10 cm  4 mm
   23 cm  6 mm              24 cm 13 mm
                               1 ← 10
                           25 cm  3 mm
```

ⓑ cm와 mm 길이의 뺄셈

```
   12 cm  7 mm                5    10
 -  8 cm  5 mm              6̸ cm  4 mm
    4 cm  2 mm            - 3 cm  7 mm
                            2 cm  7 mm
```

② km와 m 길이의 덧셈과 뺄셈

ⓐ km와 m 길이의 덧셈

```
   3 km  600 m
 + 2 km  700 m
   5 km 1300 m
       1 ← 1000
   6 km  300 m
```

ⓑ km와 m 길이의 뺄셈

```
     4     1000
   5̸ km  400 m
 - 2 km  900 m
   2 km  500 m
```

바로로 확인 ▶▶

01 □ 안에 알맞은 수를 써넣으시오.

(1) 4cm = □ mm

(2) 5km 300m = □ m

02 다음을 계산하여 □ 안에 알맞은 수를 써넣으시오.

(1) 2cm 7mm + 3cm 4mm = □ cm □ mm

(2) 21km − 13km 200m = □ km □ m

01 (1) 40　　(2) 5300

02 (1) 6, 1　　(2) 7, 800

2 시간

(1) 시각과 시간

① '4시 10분에 축구를 했다.'에서 '4시 10분'과 같이 어느 한 시점을 나타내는 것을 '시각'이라고 한다.

② '1시 20분부터 2시 50분까지 1시간 30분 동안 축구를 했다.'에서 '1시간 30분 동안'과 같이 어떤 시각에서 어떤 시각까지의 사이를 '시간'이라고 한다.

(2) 1초 알기

① 초바늘이 작은 눈금 한 칸을 가는 동안 걸리는 시간을 '1초'라고 한다.

② 초바늘이 가리키는 숫자와 초의 관계

숫자	1	2	3	4	5	6	7	8	9	10	11	12
초	5	10	15	20	25	30	35	40	45	50	55	60

③ 시간의 단위 사이의 관계

  ㉠ 분과 초의 관계

    ⓐ 초침이 시계를 한 바퀴 도는 데 걸리는 시간은 60초이다.

    ⓑ 60초 = 1분

  ㉡ 시간의 단위 사이의 관계 : 1시간 = 60분 = 3600초

  ㉢ 단위 바꾸기

$$\text{시간} \underset{\div 60}{\overset{\times 60}{\rightleftarrows}} \text{분} \underset{\div 60}{\overset{\times 60}{\rightleftarrows}} \text{초}$$

(3) 시간의 덧셈과 뺄셈

① 시간의 덧셈

㉠ 시간은 시간 단위끼리, 분은 분 단위끼리, 초는 초 단위끼리 세로로 맞추어 계산한다.

㉡ 초 단위에서 60초가 넘으면 60초는 1분으로 받아올림하고, 분 단위에서 60분이 넘으면 60분은 1시간으로 받아올림한다.

```
     1시간   28분   55초
 +   2시간   47분    8초
     3시간   75분   63초
                 1분 ← 60초
     3시간   76분    3초
   1시간 ← 60분
     4시간   16분    3초
```

② 시간의 뺄셈

㉠ 시간은 시간 단위끼리, 분은 분 단위끼리, 초는 초 단위끼리 세로로 맞추어 계산한다.

㉡ 분 단위에서 뺄 수 없으면 시간 단위에서 60분을 받아내림하고, 초 단위에서 뺄 수 없으면 분 단위에서 60초를 받아내림한다.

```
         11      60
                 5      60
    12시간   6분    5초
 -   9시간  37분   45초
     2시간  28분   20초
```

바로바로 확인 ▶▶

기출
01 시간의 덧셈을 한 결과가 옳은 것은?

| 4시간 27분 40초 |
| + 2시간 57분 45초 |
| [   ] |

① 6시간 5분 85초   ② 6시간 5분 25초
③ 7시간 25분 25초   ④ 7시간 25분 85초

01 ③

02 들이와 무게

1 들이

(1) 들이의 단위

① 들이의 단위에는 '리터'와 '밀리리터' 등이 있다.

② 1 리터는 '1L', 1 밀리리터는 '1mL'라고 쓴다.

③ 1 리터는 1000 밀리리터와 같다. → 1L = 1000mL

④ 1L보다 300mL 더 많은 들이를 1L 300mL라 쓰고, 1 리터 300 밀리리터라고 읽는다. 1L는 1000mL와 같으므로 1L 300mL는 1300mL이다.

(2) 들이의 덧셈과 뺄셈

① 들이의 덧셈

㉠ L는 L끼리, mL는 mL끼리 단위를 맞추어 계산한다.

㉡ mL끼리의 합이 1000이거나 1000보다 크면 1000mL를 1L로 받아올림한다.

```
     2 L   300 mL              5 L    600 mL
 +   3 L   400 mL          +   3 L    800 mL
     5 L   700 mL              8 L   1400 mL
                              1  ← 1000
                              9 L    400 mL
```

② 들이의 뺄셈

㉠ L는 L끼리, mL는 mL끼리 단위를 맞추어 계산한다.

㉡ mL끼리 뺄 수 없으면 1L를 1000mL로 받아내림한다.

```
                                 3      1000
     6 L   600 mL              4̸ L    300 mL
 -   4 L   200 mL          -   1 L    700 mL
     2 L   400 mL              2 L    600 mL
```

바르게 확인 ▶▶

01 1L에 대한 설명으로 바른 것은?

① 1g과 같다.
② 1m와 같다.
③ 1000mL와 같다.
④ 1000kg과 같다.

02 □ 안에 알맞은 수를 써넣으시오.

(1) 3000mL = □L

(2) 7250mL = □L □mL

(3) 4L = □mL

(4) 2L 500mL = □mL

03 □ 안에 알맞은 수를 써넣으시오.

(1) 4L 900mL = □L + □mL

= □mL + □mL

= □mL

(2) 1L 800mL = □L + □mL

= □mL + □mL

= □mL

(3)   3 L   700 mL   (4)   □   □
   + 2 L   800 mL   6 L   400 mL
   □L □mL   − 2 L   500 mL
      1 ← 1000   □L □mL
   □L □mL

01 ③

02 (1) 3   (2) 7, 250
     (3) 4000   (4) 2500

03 (1) 4, 900, 4000, 900, 4900
     (2) 1, 800, 1000, 800, 1800
     (3) 5, 1500, 6, 500
     (4) 5, 1000, 3, 900

2 무게

(1) 무게의 단위 중요⁺

① 무게의 단위에는 '킬로그램', '그램', '톤' 등이 있다.

② 1 킬로그램은 '1kg', 1 그램은 '1g', 1 톤은 '1t'이라고 쓴다.

③ 1 킬로그램은 1000 그램과 같고, 1 톤은 1000 킬로그램과 같다.

➔ 1kg = 1000g, 1t = 1000kg

④ 1kg보다 300g 더 무거운 무게를 1kg 300g이라 쓰고, 1 킬로그램 300 그램이라고 읽는다. 1kg은 1000g과 같으므로 1kg 300g은 1300g이다.

(2) 무게의 덧셈과 뺄셈

① 무게의 덧셈

㉠ kg은 kg끼리, g은 g끼리 단위를 맞추어 계산한다.

㉡ g끼리의 합이 1000이거나 1000보다 크면 1000g을 1kg으로 받아올림한다.

```
    4 kg  100 g            2 kg   500 g
  + 1 kg  700 g          + 3 kg   800 g
    5 kg  800 g            5 kg  1300 g
                           1  ← 1000
                           6 kg   300 g
```

② 무게의 뺄셈

㉠ kg은 kg끼리, g은 g끼리 단위를 맞추어 계산한다.

㉡ g끼리 뺄 수 없으면 1kg을 1000g으로 받아내림한다.

```
                                2    1000
    9 kg  700 g                 ̷3 kg   500 g
  - 6 kg  200 g              - 2 kg   600 g
    3 kg  500 g                        900 g
```

바르로 확인 ▶▶

기출

01 □ 안에 공통으로 들어갈 알맞은 수는?

$$1\text{kg} = \boxed{}\,\text{g} \qquad 1\text{t} = \boxed{}\,\text{kg}$$

① 1   ② 10

③ 100   ④ 1000

기출

02 짐을 가득 싣고 고속도로를 달리는 화물 트럭의 무게를 잴 때, 가장 알맞은 단위는?

① t (톤)   ② g (그램)

③ m (미터)   ④ km (킬로미터)

03 □ 안에 알맞은 수를 써넣으시오.

(1) $5\text{kg} = \boxed{}\,\text{g}$

(2) $5300\text{g} = \boxed{}\,\text{kg}\ \boxed{}\,\text{g}$

(3) $4\text{t} = \boxed{}\,\text{kg}$

04 다음을 계산하시오.

(1)   7 kg 400 g
   + 8 kg 750 g

(2)   41 kg 50 g
   − 38 kg 900 g

---

01 ④

02 ①

03 (1) 5000
  (2) 5, 300
  (3) 4000

04 (1) 16kg 150g
  (2) 2kg 150g

01 다음 중 **틀린** 것은?

① 2km 600m=2600m   ② 3km 5m=3005m

③ 9030m=9km 30m   ④ 3200m=32km

02 연필의 길이는 10cm 5mm이고, 지우개의 길이는 3cm 6mm이다. 연필과 지우개의 총 길이는 얼마인가?

① 13cm 1mm   ② 13cm 9mm

③ 14cm 1mm   ④ 14cm 9mm

03 실과 시간에 명수는 3m 20cm의 철사를 1m 40cm만큼 사용하였다. 남은 철사의 길이는 얼마인가?

① 1m 60cm   ② 1m 80cm

③ 2m 60cm   ④ 2m 80cm

04 다음 □ 안에 알맞은 시간은 어느 것인가?

```
    4시간  32분   5초
 −  2시간   8분  52초
  ┌─────────────────┐
  │                 │
  └─────────────────┘
```

① 2시간 23분 13초   ② 2시간 23분 53초

③ 1시간 24분 13초   ④ 1시간 24분 53초

05 다음 중 들이가 3L보다 큰 것은?

① 1L 300mL + 1L 400mL

② 1L 900mL + 900mL

③ 5L 500mL − 1L 900mL

④ 7L 100mL − 4L 200mL

05
① 2L 700mL
② 2L 800mL
③ 3L 600mL
④ 2L 900mL

06 무게를 재는 단위로 kg이 적당한 것은 어느 것인가?

① 탁구공   ② 양말 한 켤레

③ 책가방   ④ 만 원짜리 20장

06
가벼운 물건은 g을, 무거운 물건은 kg
을 단위로 사용하는 것이 적당하다.

07 □ 안에 들어갈 알맞은 수는?

kg(킬로그램)	1kg	10kg	100kg	□kg
t(톤)	0.001t	0.01t	0.1t	1t

① 1000   ② 10000

③ 100000   ④ 1000000

07
1t = 1000kg

08 다음에서 무게가 무거운 것부터 순서대로 바르게 나열한 것은?

| ㉠ 7050g   ㉡ 7kg 5g   ㉢ 7kg 500g |

① ㉠ − ㉡ − ㉢   ② ㉡ − ㉢ − ㉠

③ ㉢ − ㉠ − ㉡   ④ ㉢ − ㉡ − ㉠

08
㉢ 7500g − ㉠ 7050g − ㉡ 7005g

ANSWER
05. ③   06. ③   07. ①   08. ③

09 다음을 바르게 계산한 것은?

> 12kg 550g＋8kg 800g

① 4kg 250g   ② 20kg 250g
③ 21kg 350g   ④ 22kg 350g

10 철민이의 몸무게는 29kg 800g이고, 입고 있는 옷의 무게는 1kg 500g이다. 철민이가 옷을 입고 잰 몸무게는 얼마인가?

① 30kg 100g   ② 30kg 500g
③ 31kg 300g   ④ 31kg 500g

09

	12 kg	550 g
+	8 kg	800 g
	20 kg	1350 g
	1 ←	1000
	21 kg	350 g

10

29kg 800g ＋ 1kg 500g = 31kg 300g

ANSWER

09. ③   **10.** ③

Chapter 07

평균과 그래프

Chapter
07 평균과 그래프

 평균을 구하는 방법과 막대그래프, 꺾은선그래프, 그림그래프, 띠그래프, 원그래프를 해석하는 방법에 대한 학습이 필요하다.

01 평균 중요+

주어진 자료에서 전체를 더한 합계를 자료의 개수로 나눈 값을 '평균'이라고 한다.

$$(평균) = \frac{(자료의 \ 합계)}{(자료의 \ 개수)}$$

[5학년 반별 남학생 수]

반	1	2	3	4	5
남학생 수(명)	20	22	19	25	24

$$(평균) = \frac{110}{5} = 22(명)$$

바로로 확인 ▶▶

01 다음은 어느 지역에 사는 마을별 사람 수를 나타낸 표이다. 표를 보고, 물음에 답하시오.

[마을별 사람 수]

마을	가	나	다	라	마
사람 수(명)	350	640	720	590	360

(1) 위의 지역에 사는 사람은 모두 몇 명인가?
(2) 한 마을 당 사람 수는 평균 몇 명씩 되는가?

기출
02 표는 과녁 맞히기 놀이에서 얻은 점수를 나타낸 것이다. 점수의 평균은?

회	1	2	3	4	5	합계
점수(점)	6	4	3	7	5	25

① 4점　　② 5점　　③ 6점　　④ 7점

01 (1) 2660명
(2) 532명
(1) $350 + 640 + 720 + 590 + 360 = 2660$(명)
(2) 평균 $= \frac{2660}{5} = 532$(명)

02 ② 평균 $= \frac{점수의 \ 총합}{횟수}$
$= \frac{25}{5} = 5$(점)

02 그래프

1 표와 막대그래프

(1) 표로 만들기

[좋아하는 운동]

이름	운동	이름	운동	이름	운동
영철	야구	신명	축구	나리	축구
영수	농구	한솔	농구	민영	축구
고은	배구	예슬	축구	연주	야구

조사한 자료를 표로 만들면 다음과 같다.

[좋아하는 운동]

운동	농구	축구	야구	배구	계
학생 수(명)	2	4	2	1	9

(2) 막대그래프

① 막대그래프 : 조사한 자료를 막대 모양으로 나타낸 그래프

② 막대그래프는 여러 항목의 수량을 전체적으로 한눈에 쉽게 비교할 수 있다.

[좋아하는 운동]

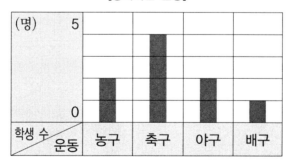

바름으로 확인 ▶▶

01 다음은 준호네 반 학생들이 좋아하는 동물을 조사하여 막대그래프로 나타낸 것이다. 가장 많은 학생들이 좋아하는 동물부터 차례로 쓰시오.

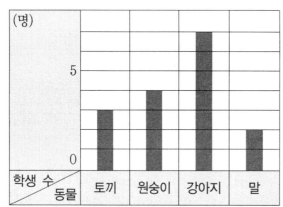

01 강아지 – 원숭이 – 토끼 – 말

기출
02 그래프에서 좋아하는 계절별 학생 수가 가장 적은 계절은?

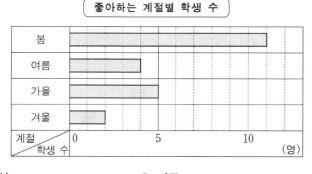

좋아하는 계절별 학생 수

① 봄　　　　　② 여름
③ 가을　　　　④ 겨울

02 ④
막대모양의 길이가 가장 긴 것이 학생 수가 가장 많고, 가장 짧은 것이 학생 수가 가장 적은 것이다. 따라서 막대모양의 길이가 가장 짧은 겨울이 학생 수가 가장 적은 계절이다.

2 꺾은선그래프 _{중요⁺}

(1) 꺾은선그래프

연속적으로 변화하는 양을 점으로 표시하고, 그 점들을 선분으로 이어 그린 그래프

(2) 꺾은선그래프의 특징

① 변화하는 모양과 정도를 알아보기 쉽다.

② 조사하지 않은 중간값을 예상할 수 있다.

③ 꺾은선그래프에서 필요없는 부분을 '≈(물결선)' 으로 나타낸다.

[소라의 체온]

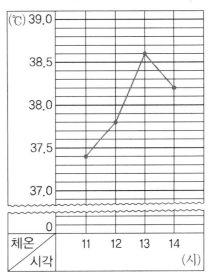

바르게 확인 ▶▶

기출

01 그래프는 운동장의 기온을 측정하여 나타낸 것이다. 설명이 옳지 <u>않은</u> 것은?

[운동장의 기온]

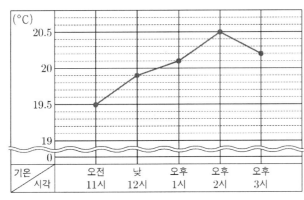

① 오전 11시의 기온이 가장 낮다.

② 낮 12시의 기온은 19.9℃이다.

③ 오후 1시의 기온은 오후 2시의 기온보다 높다.

④ 오후 2시와 오후 3시 사이에는 기온이 낮아진다.

01 ③

오후 1시의 기온은 20.1℃, 오후 2시의 기온은 20.5℃ 로 오후 2시의 기온이 오후 1시의 기온보다 높다.

3 그림그래프

(1) 그림그래프

① 그림그래프 : 조사한 수를 그림으로 나타낸 그래프

② 그림그래프는 수량이 많은 조사 내용을 그림으로 쉽게 알아볼 수 있게 그린 것이다.

(2) 그림그래프로 나타내는 방법

[마을별 고구마 생산량]

마을	가	나	다	라
생산량(kg)	3200	2500	4100	2300

위의 표를 그림그래프로 나타내면 다음과 같다.

[마을별 고구마 생산량]

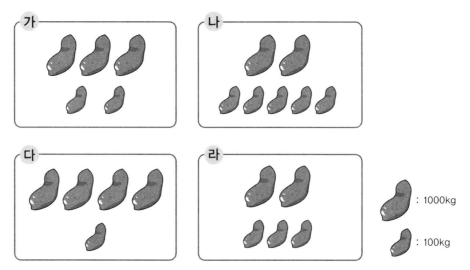

바릅로 **확인** »

01 다음은 마을별 닭의 수를 나타낸 그림그래프이다. 물음에 답하시오.

[마을별 닭의 수]

마을	닭의 수
가	
나	
다	
라	

1000마리

100마리

(1) 닭의 수가 가장 많은 마을은?
(2) 닭의 수가 가장 적은 마을은?

02 다음은 과수원별 감의 생산량을 조사한 것을 그림그래프로 나타낸 것이다. 물음에 답하시오.

[과수원별 감의 생산량]

마을	생산량
가	
나	
다	
라	

: 100kg

: 10kg

(1) 과수원별 감의 생산량이 많은 마을부터 차례로 기호를 쓰시오.
(2) 감을 가장 많이 생산한 과수원과 가장 적게 생산한 과수원의 생산량 차는 몇 kg인가?

01 (1) 라
(2) 다
라 : 4200마리 > 나 : 3100마리 >
가 : 2200마리 > 다 : 1500마리

02 (1) 다 – 라 – 나 – 가
(2) 260kg

(1) 다 : 410kg > 라 : 320kg >
나 : 230kg > 가 : 150kg
(2) 410kg – 150kg = 260kg

4 비율그래프 중요⁺

(1) 띠그래프

① 띠그래프 : 전체에 대한 각 부분의 비율을 띠 모양으로 나타낸 그래프

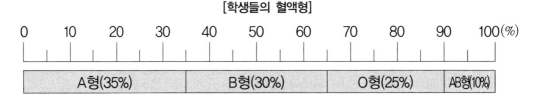

[학생들의 혈액형]

② 띠그래프의 특징

㉠ 띠그래프는 전체에 대한 각 부분의 비율을 한눈에 알아보기 쉽다.

㉡ 띠그래프는 각 항목끼리의 비율을 쉽게 비교할 수 있다.

③ 띠그래프로 나타내는 방법

㉠ 표를 보고 전체에 대한 각 항목의 백분율을 구한다.

$$(백분율) = \frac{(각\ 항목의\ 수)}{(전체\ 합계)} \times 100$$

㉡ 띠 전체의 길이를 100%로 한다.

㉢ 각 항목들이 차지하는 백분율만큼 띠를 나눈다.

(2) 원그래프

① 원그래프 : 전체에 대한 각 부분의 비율을 원 모양으로 나타낸 그래프

② 원그래프의 특징

㉠ 원그래프는 전체에 대한 각 부분의 비율을 한눈에 알아보기 쉽다.

㉡ 원그래프는 각 항목끼리의 비율을 쉽게 비교할 수 있다.

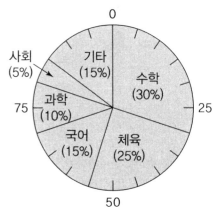

[학생들이 가장 좋아하는 과목]

ⓒ 원그래프는 작은 비율도 비교적 쉽게 나타낼 수 있다.

③ 원그래프로 나타내는 방법

ⓐ 표를 보고 전체에 대한 각 항목의 백분율을 구한다.

ⓑ 원 전체를 100%로 한다.

ⓒ 원의 기준선에서부터 시계 방향으로 각 항목들이 차지하는 백분율만큼 원을 나눈다.

바로로 확인 ▶▶

기출

01 다음은 학생 200명이 좋아하는 계절을 하나씩 고른 결과를 나타낸 띠그래프이다. 이 그래프에 대한 해석으로 옳지 <u>않은</u> 것은?

학생들이 좋아하는 계절

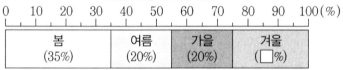

① 봄을 좋아하는 학생이 가장 많다.

② 가을을 좋아하는 학생의 수는 20명이다.

③ 겨울을 좋아하는 학생은 전체 학생의 25%이다.

④ 여름을 좋아하는 학생과 가을을 좋아하는 학생의 수는 같다.

01 ②

가을을 좋아하는 학생의 수는

$200 \times \dfrac{20}{100} = 40$(명)이다.

기출

02 다음은 어느 지역의 식량작물 생산량을 조사하여 나타낸 원그래프이다. 가장 많이 생산된 작물은?

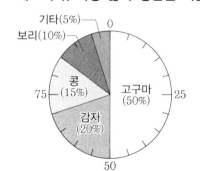

① 콩

② 감자

③ 보리

④ 고구마

02 ④

가장 넓은 부분을 차지하는 고구마(50%)가 가장 많이 생산된 작물이다.

01 다음 성적의 평균 점수는?

과목	도덕	실과	음악	미술
점수(점)	90	80	70	60

① 70점
② 75점
③ 80점
④ 85점

01

$(평균) = \dfrac{점수의\ 총합}{과목의\ 수}$

$= \dfrac{90 + 80 + 70 + 60}{4}$

$= \dfrac{300}{4} = 75(점)$

02 다음은 사진 모임 회원들의 나이를 나타낸 표이다. 사진 모임 회원들의 평균 나이는?

회원	지혜	민호	인성	지섭	우성
나이(살)	28	26	30	31	35

① 28
② 29
③ 30
④ 31

02

$(평균) = \dfrac{28 + 26 + 30 + 31 + 35}{5}$

$= \dfrac{150}{5} = 30$

03 다음은 은혜네 반 학생들이 좋아하는 계절을 조사한 것이다. 가장 많은 학생들이 좋아하는 계절은?

[좋아하는 계절]

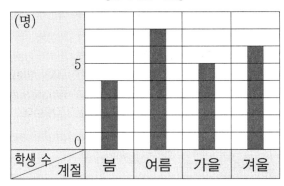

① 봄
② 여름
③ 가을
④ 겨울

03

막대그래프는 조사한 자료를 막대 모양으로 나타낸 그래프로, 막대의 길이가 가장 긴 여름이 가장 많은 학생들이 좋아하는 계절이다.

ANSWER

01. ② **02.** ③ **03.** ②

04 다음 중 꺾은선그래프로 나타내면 좋은 것은?

① 각 도별 쌀 생산량

② 하루 동안의 기온 변화

③ 컴퓨터 회사별 컴퓨터 판매량

④ 초등학교 학생들이 좋아하는 운동의 종류

05 그래프는 어느 교실의 온도를 측정하여 나타낸 것이다. 설명이 옳지 <u>않은</u> 것은?

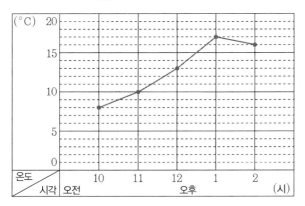

① 막대그래프이다.

② 가로 눈금은 시각을 나타낸다.

③ 세로 눈금은 온도를 나타낸다.

④ 온도가 가장 높은 시각은 오후 1시이다.

06 예원이의 한 달 용돈이 30,000원이라면 간식비는?

[용돈 지출 내역]

저금 (40%)	학용품 (25%)	간식 (20%)	선물 (10%)	기타 (5%)

① 3000원   ② 4000원

③ 5000원   ④ 6000원

07 영수의 친구들이 태어난 계절을 조사하여 나타낸 그래프이다. 가을에 태어난 학생 수가 5명이라면 겨울에 태어난 학생 수는?

| 0 | 10 | 20 | 30 | 40 | 50 | 60 | 70 | 80 | 90 | 100(%) |

봄 (20%) / 여름 (40%) / 가을 (10%) / 겨울 (30%)

① 5명
② 10명
③ 15명
④ 20명

08 가장 많은 학생들이 좋아하는 과목은?

기타 (20%) / 체육 (35%) / 수학 (10%) / 국어 (15%) / 과학 (20%)

[좋아하는 과목]

① 국어
② 수학
③ 과학
④ 체육

07

그래프에서 겨울이 차지하는 비율(30%)이 가을이 차지하는 비율(10%)의 3배이므로 겨울에 태어난 학생 수는 가을에 태어난 학생 수의 3배인 15명이다.

08

가장 넓은 부분을 차지하는 과목인 체육이 가장 많은 학생들이 좋아하는 과목이다.

A N S W E R

07. ③   **08.** ④

Chapter

08

규칙 찾기,
규칙과 대응

Chapter 08 규칙 찾기, 규칙과 대응

학습 point⁺ 도형의 배열과 계산식에서 규칙을 찾고, 규칙을 찾아 대응하여 문제를 해결하는 방법에 대한 학습이 필요하다.

01 규칙 찾기

1 수의 배열에서 규칙 찾기

(1) 수 배열표에서 규칙 찾기

① 가로는 101부터 시작하여 오른쪽으로 10씩 커진다.

② 세로는 101부터 시작하여 아래쪽으로 100씩 커진다.

101	111	121	131
201	211	221	231
301	311	321	331
401	411	421	431
501	511	521	531

(2) 곱셈을 이용한 수 배열표에서 규칙 찾기

① 두 수의 곱셈의 결과에서 일의 자리 숫자를 쓴다.

② 1부터 시작하는 가로는 1씩 커진다.

③ 3부터 시작하는 세로는 3씩 커진다.

	101	102	103
11	1	2	3
12	2	4	6
13	3	6	9

2 도형의 배열에서 규칙 찾기 중요⁺

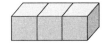
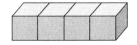

(1) 규칙 찾기 : 첫 번째는 3(개), 두 번째는 3+1 = 4(개), 세 번째는 4+1 = 5(개)

(2) 규칙에 따라 예상하기 : 네 번째에는 5+1 = 6(개)

196 Chapter 08 규칙 찾기, 규칙과 대응

3 계산식에서 규칙 찾기

(1) 덧셈식에서 규칙 찾기

더해지는 수의 7이 1개씩, 더하는 수의 2가 1개씩 늘어나면 합의 0은 1개씩 늘어난다.

순서	덧셈식
첫째	$78+23=101$
둘째	$778+223=1001$
셋째	$7778+2223=10001$
넷째	$77778+22223=100001$

(2) 곱셈식에서 규칙 찾기

1이 1개씩 늘어나는 수를 두 번 곱하면 곱은 자릿수가 2개씩 늘어나고 가운데 오는 숫자는 그 단계의 숫자가 된다.

순서	곱셈식
첫째	$1 \times 1 = 1$
둘째	$11 \times 11 = 121$
셋째	$111 \times 111 = 12321$
넷째	$1111 \times 1111 = 1234321$

바로로 확인 ▶▶

01 다음 바둑돌의 배열을 보고, 물음에 답하시오.

(1) 바둑돌의 개수를 수로 나타내시오.

☐개 → ☐개 → ☐개

(2) 다섯 번째에는 몇 개의 바둑돌을 놓아야 하는가?

기출

02 다음은 일정한 규칙에 따라 나열한 계산식이다. ㉠에 알맞은 식은?

순서	계산식
첫째	$2 \times 10 = 20$
둘째	$2 \times 20 = 40$
셋째	$2 \times 30 = 60$
넷째	㉠

① $2 \times 40 = 80$ 　② $2 \times 50 = 100$

③ $2 \times 60 = 120$ 　④ $2 \times 70 = 140$

01 (1) 2, 4, 6
　　(2) 10개

02 ①

02 규칙과 대응 중요⁺

세발자전거의 대수를 ▲, 바퀴 수를 ■라고 할 때, 세발자전거의 대수와 바퀴 수의 관계를 ▲, ■를 사용한 식으로 나타내어 보면 다음과 같다.

÷ 3 ⌠

세발자전거 대수(▲)	1	2	3	4
바퀴 수(■)	3	6	9	12

⌡ × 3

➔ ▲ = ■ ÷ 3, ■ = ▲ × 3

바르고로 확인 ▶▶

01 ▲와 ■ 사이에는 다음과 같은 관계가 있다. □ 안에 알맞은 식을 써넣으시오.

(1)
▲	3	4	5	6	7
■	8	9	10	11	12

▲ = □

(2)
▲	6	8	10	12	14
■	3	4	5	6	7

■ = □

기출
02 표와 같이 ▲와 ■ 사이의 대응 관계가 ■ = ▲ + 5일 때, ㉠에 알맞은 수는?

▲	5	10	15	20	⋯
■	10	15	㉠	25	⋯

① 20 　　② 21
③ 22 　　④ 23

01 (1) ■ − 5
　　(2) ▲ ÷ 2

02 ①
　　▲ = 15
　　15 + 5 = ■
　　∴ ■ = 20

01 다음 규칙에 따라 바둑돌을 놓는다면 세 번째에 놓아야 할 바둑돌은 몇 개인가?

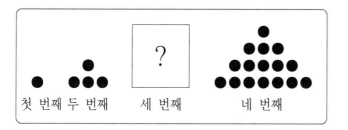

첫 번째   두 번째   세 번째   네 번째

① 6개   ② 9개
③ 16개   ④ 25개

02 그림과 같이 규칙에 따라 성냥개비를 놓아 정다각형을 만들 때 ㉠에 놓일 성냥개비의 개수는?

정다각형	△	▢	㉠	⬡
순서	첫 번째	두 번째	세 번째	네 번째

① 4개   ② 5개
③ 6개   ④ 7개

03 다음 대응표를 보고 ▲와 ■의 관계를 바르게 나타낸 것은?

▲	0	1	2	3	4
■	2	3	4	5	6

① ■ = ▲ + 2   ② ■ = ▲ + 3
③ ■ = ▲ × 2   ④ ■ = ▲ × 3

01

바깥쪽 바둑돌들의 좌, 우, 위로 바둑돌을 놓는 규칙을 가진다.

세 번째
그러므로 세 번째에 놓아야 할 바둑돌은 9개이다.

02

세 번째에는 변의 수가 5개인 정오각형이어야 하므로 ㉠에 놓일 성냥개비의 개수는 5개이다.

03

■의 수는 ▲의 수에 2를 더한 값과 같다.

A N S W E R
01. ②   02. ②   03. ①

04 다음 대응 관계를 식으로 바르게 나타낸 것은?

■	1	2	3	4	…
▲	7	14	21	28	…

① $■ + 7 = ▲$

② $■ - 7 = ▲$

③ $■ × 7 = ▲$

④ $■ ÷ 7 = ▲$

05 표와 같이 ▲와 ■의 대응 관계가 $▲ × 6 = ■$일 때, ㉠에 들어갈 알맞은 수는?

▲	1	2	3	4	5
■	6	12	18	㉠	30

① 20

② 22

③ 24

④ 26

04

▲의 수는 ■의 수의 7배와 같다.

05

$■ = ▲ × 6$
$㉠ = 4 × 6 = 24$

A N S W E R

04. ③ **05.** ③

Chapter 09

수의 범위와 어림

09 수의 범위와 어림

 이상과 이하, 초과와 미만의 개념에 대한 이해와 함께 올림, 버림, 반올림에 대한 학습이 필요하다.

01 수의 범위 중요⁺

1 이상과 이하

점 •을 사용하여 주어진 값이 들어가도록 한다.

(1) 이상인 수

5 이상인 수는 5와 같거나 큰 수로 5, 6, 7, 8, 9, 10이 해당된다.

(2) 이하인 수

5 이하인 수는 5와 같거나 작은 수로 1, 2, 3, 4, 5가 해당된다.

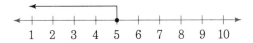

2 초과와 미만

점 ○을 사용하여 주어진 값이 들어가지 않도록 한다.

(1) 초과인 수

5 초과인 수는 5보다 큰 수로 6, 7, 8, 9, 10이 해당된다.

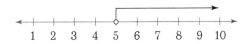

(2) 미만인 수

5 미만인 수는 5보다 작은 수로 1, 2, 3, 4가 해당된다.

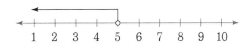

01 다음의 수를 보고, 물음에 답하시오.

| 17 18 19 20 21 22 23 24 25 |

(1) 21 이상인 수를 모두 고르시오.
(2) 20 이하인 수를 모두 고르시오.

02 다음의 놀이기구를 탈 수 있는 사람은?

┤ 주의 사항 ├

이 놀이기구는 키가 140cm 이상인 사람만 탈 수 있습니다.

이름	지안	서윤	준호	은성
키	138cm	146cm	126cm	135cm

① 지안   ② 서윤
③ 준호   ④ 은성

03 다음 수직선에 나타낸 수의 범위에 포함되지 <u>않는</u> 수는?

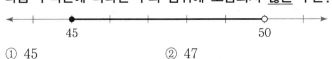

① 45   ② 47
③ 49   ④ 50

01 (1) 21, 22, 23, 24, 25
     (2) 17, 18, 19, 20

02 ②

이상은 같거나 큰 수로 놀이
기구를 탈 수 있는 사람은
146cm인 '서윤'이다.

03 ④
     ● : 이상 또는 이하
     ○ : 초과 또는 미만

02 어림 중요⁺

1 올림

(1) 올림 : 구하려는 자리 아래 수를 올려서 나타내는 방법

(2) 올림하기

① 구하려는 자리 아래 수가 0이 아니면 구하려는 자리 숫자에 1을 더하고, 구하려는 자리 아래 수를 모두 0으로 나타낸다.

② 374를 올림하여 나타내기

  ㉠ 십의 자리까지 나타내기 위하여 십의 자리 아래 수인 4를 10으로 보고 올림하면 380이 된다.

  ㉡ 백의 자리까지 나타내기 위하여 백의 자리 아래 수인 74를 100으로 보고 올림하면 400이 된다.

③ 3.256을 올림하여 나타내기

  ㉠ 올림하여 소수 둘째 자리까지 나타내기 : 3.256 ➜ 3.26

  ㉡ 올림하여 소수 첫째 자리까지 나타내기 : 3.256 ➜ 3.3

  ㉢ 올림하여 일의 자리까지 나타내기 : 3.256 ➜ 4

2 버림

(1) 버림 : 구하려는 자리 아래 수를 버려서 나타내는 방법

(2) 버림하기

① 구하려는 자리 아래 수를 모두 0으로 나타낸다.

② 286을 버림하여 나타내기

  ㉠ 십의 자리까지 나타내기 위하여 십의 자리 아래 수인 6을 0으로 보고 버림하면 280이 된다.

  ㉡ 백의 자리까지 나타내기 위하여 백의 자리 아래 수인 86을 0으로 보고 버림하면 200이 된다.

③ 2.418을 버림하여 나타내기

    ⊙ 버림하여 소수 둘째 자리까지 나타내기 : 2.418 ➜ 2.41

    ⓒ 버림하여 소수 첫째 자리까지 나타내기 : 2.418 ➜ 2.4

    ⓒ 버림하여 일의 자리까지 나타내기 : 2.418 ➜ 2

3 반올림

(1) **반올림** : 구하려는 자리 아래 자리의 숫자가 0, 1, 2, 3, 4이면 버리고, 5, 6, 7, 8, 9이면 올려서 나타내는 방법

(2) **반올림하기**

① 235를 반올림하여 나타내기

    ⊙ 반올림하여 십의 자리까지 나타내면 일의 자리 숫자가 5이므로 올림하여 240이 된다.

    ⓒ 반올림하여 백의 자리까지 나타내면 십의 자리 숫자가 3이므로 버림하여 200이 된다.

② 7.263을 반올림하여 나타내기

    ⊙ 반올림하여 소수 둘째 자리까지 나타내기 : 7.263 ➜ 7.26

    ⓒ 반올림하여 소수 첫째 자리까지 나타내기 : 7.263 ➜ 7.3

    ⓒ 반올림하여 일의 자리까지 나타내기 : 7.263 ➜ 7

바로로 확인 ▶▶

기출

01 다음 수를 일의 자리에서 올림하여 나타낸 것은?

1426

① 1400   ② 1410

③ 1420   ④ 1430

01 ④

기출

02 654를 일의 자리에서 반올림하여 나타낸 수는 어느 것인가?

① 600   ② 650

③ 660   ④ 700

02 ②

01 수직선에서 굵은 선으로 나타낸 수의 범위는?

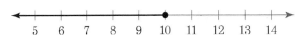

① 10 이하인 수　　② 10 미만인 수
③ 10 이상인 수　　④ 10 초과인 수

02 수직선에 나타낸 수의 범위는?

① 12 이상 18 미만　　② 12 이상 18 이상
③ 12 이하 18 초과　　④ 12 미만 18 초과

03 다음 수의 범위를 수직선에 옳게 나타낸 것은?

3 이상인 수

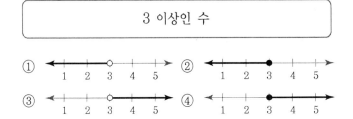

04 올림하여 십의 자리까지 나타낼 때, 4860보다 더 큰 수는?

① 4851　　② 4859
③ 4855　　④ 4863

01
● : 이상 또는 이하

02
● : 이상 또는 이하
○ : 초과 또는 미만

03
3 이상인 수는 3과 같거나 큰 수이다.

04
④ 4870
①, ②, ③ 4860

- A N S W E R -
01. ①　**02.** ①　**03.** ④　**04.** ④

05 버림하여 천의 자리까지 바르게 나타낸 것은?

① 3781 → 3800
② 5527 → 6000
③ 7110 → 7000
④ 8019 → 7000

05
버림은 구하려는 자리 아래 수를 버려서 나타내는 방법이다.

06 다음 수를 일의 자리에서 반올림하여 나타낸 것은?

> 1237

① 1200
② 1230
③ 1240
④ 1300

06
반올림은 구하려는 자리 아래 자리의 숫자가 0, 1, 2, 3, 4이면 버리고, 5, 6, 7, 8, 9이면 올려서 나타내는 방법이다.

NOTE

Chapter 10

비

10 비

학습 point⁺ 비의 비율을 분수로 나타내는 방법, 비율을 백분율로 나타내는 방법을 알아야 하며, 자연수의 비, 소수의 비, 분수의 비를 간단한 자연수의 비로 나타내는 방법과 비례식, 비례배분에 대한 학습이 필요하다.

01 비와 비율

1 비와 비율

(1) 비

① 두 수를 나눗셈으로 비교하기 위해 기호 ':'을 사용하여 나타낸 것을 '비'라고 한다.

② 두 수 2와 5를 비교할 때 '2 : 5'라 쓰고, '2 대 5'라고 읽는다.

→ 2 : 5는 '2와 5의 비', '2의 5에 대한 비', '5에 대한 2의 비'라고도 읽는다.

(2) 비율

① 기준량 : 비에서 기호 ':'의 오른쪽에 있는 수

② 비교하는 양 : 비에서 기호 ':'의 왼쪽에 있는 수

③ 비율 : 기준량에 대한 비교하는 양의 크기

$$비율 = \frac{비교하는 \ 양}{기준량}$$

 바르고 확인 ▶▶

기출

01 다음 비의 비율을 분수로 바르게 나타낸 것은?

01 ②

$$2 : 5$$

① $\dfrac{2}{3}$ 　② $\dfrac{2}{5}$ 　③ $\dfrac{3}{5}$ 　④ $\dfrac{3}{7}$

2 백분율

(1) 백분율

① 백분율 : 기준량을 100으로 할 때의 비율

② 백분율은 기호 '%'를 사용하여 나타내고, '퍼센트'라고 읽는다.

비율 $\dfrac{85}{100}$ → '85%'라 쓰고, '85 퍼센트'라고 읽는다.

(2) 비율을 백분율로 나타내는 방법 중요⁺

방법1 기준량이 100인 비율로 나타낸 후 백분율로 나타내기

$$\dfrac{9}{20} = \dfrac{45}{100} = 45\%$$

방법2 비율에 100을 곱해서 나온 값에 기호 % 붙이기

$$\dfrac{9}{20} \times 100 = 45\%$$

바로로 확인

기출

01 다음은 체험 학습 실시에 대한 조사 결과 표이다. ㉠에 들어갈 수는?

전체 학생 수(명)	찬성(명)	반대(명)	찬성률
100	70	30	㉠

① 30
② 50
③ 70
④ 90

02 다음 비를 백분율로 나타내면?

10 : 50

① 10%
② 15%
③ 20%
④ 50%

01 ③

전체 학생 수 100명에서 70명이 찬성하였으므로 찬성률은 $\dfrac{70}{100} = 70\%$이다.

02 ③

$\dfrac{10}{50} = \dfrac{20}{100} = 20\%$

02 비례식과 비례배분

1 비례식

(1) 비의 성질

① 전항 : 비에서 기호 '∶' 앞에 있는 수

② 후항 : 비에서 기호 '∶' 뒤에 있는 수

$$\underset{\text{전항}\quad\text{후항}}{3 \ : \ 5}$$

③ 비의 성질

㉠ 비의 전항과 후항에 0이 아닌 같은 수를 곱하여도 비율은 같다.

$$2 : 3 = \frac{2}{3} \ \rightarrow \ (2 \times 2) : (3 \times 2) = 4 : 6 \ \rightarrow \ \frac{4}{6} = \frac{2}{3}$$

㉡ 비의 전항과 후항을 0이 아닌 같은 수로 나누어도 비율은 같다.

$$15 : 10 = \frac{3}{2} \ \rightarrow \ (15 \div 5) : (10 \div 5) = 3 : 2 \ \rightarrow \ \frac{3}{2}$$

(2) 간단한 자연수의 비로 나타내기 중요⁺

① 자연수의 비 : 전항과 후항을 두 수의 최대공약수로 나눈다.

$$30 : 45 = (30 \div 15) : (45 \div 15) = 2 : 3$$

② 소수의 비 : 전항과 후항에 10, 100, 1000…을 곱한다.

$$0.3 : 0.7 = (0.3 \times 10) : (0.7 \times 10) = 3 : 7$$

③ 분수의 비 : 전항과 후항에 두 분모의 최소공배수를 곱한다.

$$\frac{1}{2} : \frac{3}{5} = (\frac{1}{2} \times 10) : (\frac{3}{5} \times 10) = 5 : 6$$

바로로 확인 ▶▶

기출
01 다음 소수의 비를 간단한 자연수의 비로 나타낸 것은?

	0.5 : 0.9	

① 5 : 9　　② 5 : 14　　③ 9 : 5　　④ 9 : 14

01 ①

(3) 비례식 중요*

① 비례식 : 비율이 같은 두 비를 기호 '='를 사용하여 나타낸 식

$$\frac{3}{5} = \frac{6}{10} \rightarrow 3 : 5 = 6 : 10$$

② 외항 : 비례식에서 바깥쪽에 있는 두 수

③ 내항 : 비례식에서 안쪽에 있는 두 수

④ 비례식의 성질 : 비례식에서 외항의 곱과 내항의 곱은 같다.

외항
$$3 : 5 = 6 : 10$$
내항

바로바로 확인 ▶▶

01 비례식에서 내항과 외항을 쓰시오.

(1) $2 : 5 = 6 : 15$ (2) $4 : 7 = 8 : 14$

기출

02 다음 직사각형의 가로의 길이와 세로의 길이의 비가 $3 : 1$일 때, ㉠에 들어갈 수는?

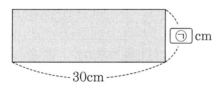

㉠ cm

30cm

① 10   ② 20
③ 30   ④ 40

기출

03 재영이와 수민이가 가지고 있는 공책 권수의 비는 $1 : 3$이다. 재영이가 가지고 있는 공책이 10권일 때, 수민이가 가지고 있는 공책의 권수는?

① 10권   ② 20권
③ 30권   ④ 40권

01 (1) 내항 : 5, 6
　　　외항 : 2, 15
　(2) 내항 : 7, 8
　　　외항 : 4, 14

02 ①
3 : 1 = 30 : ㉠
3×㉠ = 1×30
∴ ㉠ = 10

03 ③
1 : 3 = 10 : (수민이의 공책 권수)
1×(수민이의 공책 권수) = 3×10
(수민이의 공책 권수) = 30(권)

2 비례배분

(1) **비례배분** : 전체를 주어진 비로 배분하는 것

(2) **비례배분하기** 중요⁺

$$●를 ■ : ▲로 나누기 → ● \times \frac{■}{(■+▲)},\ ● \times \frac{▲}{(■+▲)}$$

$$6을\ 1 : 2로\ 나누기 → 6 \times \frac{1}{1+2} = 6 \times \frac{1}{3} = 2,\ 6 \times \frac{2}{1+2} = 6 \times \frac{2}{3} = 4$$

→ 6을 1 : 2로 나누면 2와 4입니다.

바로로 확인 ▶▶

01 4000원을 대형이와 민호가 3 : 5의 비로 나누어 가지려고 한다. 물음에 답하시오.

(1) 대형이와 민호는 각각 몇 분의 몇을 가져야 하는가?

대형 : (   ), 민호 : (   )

(2) 대형이와 민호는 각각 얼마를 가져야 하는가?

대형 : (   ), 민호 : (   )

기출

02 1000원짜리 과자를 살 때 필요한 돈을 나와 동생이 7 : 3으로 나누어 내려고 한다. 내가 내야 할 돈은?

① 300원   ② 500원

③ 700원   ④ 900원

01 (1) $\frac{3}{8}$, $\frac{5}{8}$

(2) 1500원, 2500원

02 ③

나 : 동생 = 7 : 3

내가 내야 할 돈 :

$1000 \times \frac{7}{7+3}$

$= 1000 \times \frac{7}{10} = 700$(원)

동생이 내야 할 돈 :

$1000 \times \frac{3}{7+3}$

$= 1000 \times \frac{3}{10} = 300$(원)

단원 마무리 문제

01 3의 8에 대한 비의 값은?

① $\dfrac{3}{8}$

② $\dfrac{8}{3}$

③ 3

④ 8

02 ㉠에 들어갈 알맞은 것은?

분수	소수	백분율
$\dfrac{28}{100}$	0.28	㉠

① 2.8%

② 28%

③ 280%

④ 2800%

03 과수원에는 사과나무 55그루, 감나무 45그루로 모두 100그루의 나무가 심어져 있다. 과수원에 있는 감나무는 전체의 몇 %인가?

① 35%

② 45%

③ 55%

④ 65%

04 다음 비를 가장 간단한 자연수의 비로 나타낸 것은?

$$80 : 120$$

① 40 : 60 : 100

② 20 : 30

③ 10 : 15 : 25

④ 2 : 3

05 다음 비를 가장 간단한 자연수의 비로 나타낸 것은?

$$2.4 : 3.2$$

① 3 : 4　　　　　② 6 : 8

③ 12 : 16　　　　④ 24 : 32

06 다음 중 나머지와 비가 <u>다른</u> 하나는?

① 0.2 : 0.5　　　　② 4 : 14

③ 8 : 20　　　　④ $\dfrac{1}{15} : \dfrac{1}{6}$

07 다음 중 비례식은 어느 것인가?

① 3×6 = 18　　　　② 28 + 22 = 10 × 5

③ 2 : 5 = 4 : 10　　④ 42÷6 = 7

08 다음 비례식에서 외항끼리 바르게 묶은 것은?

$$9 : 4 = 27 : 12$$

① 9, 4　　　　② 27, 12

③ 4, 27　　　　④ 9, 12

09 다음 비례식에 대한 설명으로 바르지 <u>않은</u> 것은?

$$2 : 3 = 4 : 6$$

① 참인 비례식이다.

② 외항은 2와 6이다.

③ 내항은 3과 4이다.

④ 비의 값이 3 : 5와 같다.

09

비례식에서 외항의 곱과 내항의 곱은 같다. 그러나 ④에서 2 : 3 = 3 : 5라면 2×5 ≠ 3×3이므로 2 : 3은 3 : 5와 비의 값이 같지 않다.

10 다음 비례식에서 ☐ 안에 알맞은 수는?

$$12 : 3 = ☐ : 1$$

① 4   ② 3

③ 2   ④ 1

10

12×1 = 3×☐

12 = 3×☐

∴ ☐ = 4

11 그림의 직사각형은 가로와 세로 길이의 비가 2 : 1이고, 가로의 길이가 20cm이다. 이 직사각형의 세로의 길이는?

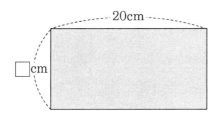

① 5cm   ② 10cm

③ 20cm   ④ 30cm

11

2 : 1 = 20 : ☐

2×☐ = 1×20

∴ ☐ = 10

A N S W E R

09. ④   **10.** ①   **11.** ②

12 어린이와 어른의 동물원 입장료의 비는 1 : 3이다. 어린이의 입장료가 3000원일 때, 어른의 입장료는?

① 6000원   ② 7000원

③ 8000원   ④ 9000원

12

$1 : 3 = 3000 :$ (어른 입장료)

$1 \times$ (어른 입장료) $= 3 \times 3000$

∴ (어른 입장료) $= 9000$(원)

13 공책 10권을 나와 동생이 3 : 2로 나누어 가지려 한다. 동생이 가질 공책의 권수는?

① 4권   ② 5권

③ 6권   ④ 7권

13

나 : 동생 $= 3 : 2$

내가 가질 공책의 권수 :

$10 \times \dfrac{3}{3+2} = 10 \times \dfrac{3}{5} = 6$(권)

동생이 가질 공책의 권수 :

$10 \times \dfrac{2}{3+2} = 10 \times \dfrac{2}{5} = 4$(권)

- **ⒶⓃⓈⓌⒺⓇ** -

12. ④   **13.** ①

술술 풀리는
초졸 검정고시
수학

2025년 1월 10일 개정 2판 발행
2012년 1월 19일 초판 발행
편 저 자 검정고시 학원연합회
발 행 인 전 순 석
발 행 처 정훈사
주   소 서울특별시 중구 마른내로 72, 421 A호
등   록 제2014-000104호
전   화 02)737-1212
팩   스 737-4326